红棉论丛

丛书主编　孟源北

新时代呼唤理性共识

基于知与行的理论探析

李仁武　主编

SPM

南方出版传媒

广东人民出版社

· 广州 ·

图书在版编目（CIP）数据

新时代呼唤理性共识：基于知与行的理论探析 / 李仁武主编. —广州：广东人民出版社，2021.11

ISBN 978-7-218-15389-6

Ⅰ.①新… Ⅱ.①李… Ⅲ.①社会科学—文集 Ⅳ.①C53

中国版本图书馆CIP数据核字（2021）第235726号

XINSHIDAI HUHUAN LIXING GONG SHI：JIYU ZHI YU XING DE LILUN TANXI

新时代呼唤理性共识：基于知与行的理论探析

李仁武　主编　　　　　　　　　　版权所有　翻印必究

出 版 人：肖风华

责任编辑：梁　茵　陈泽航
封面设计：集力书装
责任技编：吴彦斌　周星奎

出版发行：广东人民出版社
地　　址：广州市海珠区新港西路 204 号 2 号楼（邮政编码：510300）
电　　话：（020）85716809（总编室）
传　　真：（020）85716872
网　　址：http://www.gdpph.com
印　　刷：广州小明数码快印有限公司
开　　本：787mm×1092mm　1/16
印　　张：11.5　　　字　　数：170 千
版　　次：2021 年 11 月第 1 版
印　　次：2021 年 11 月第 1 次印刷
定　　价：60.00 元

如发现印装质量问题，影响阅读，请与出版社（020-85716849）联系调换。
售书热线：（020）85716826

序

党的十九大报告指出："经过长期努力，中国特色社会主义进入了新时代，这是我国发展新的历史方位。"进入新时代，我国社会主要矛盾已经转化为人民日益增长的美好生活需要和不平衡不充分的发展之间的矛盾。这一变化是关系全局的历史性变化，不仅对我们党和国家的工作提出了许多新要求，而且也对我们每个人的生活品质和价值实现带来许多新可能。那么，您理解什么是中国特色社会主义新时代吗？对进入新时代我们需要凝聚哪些基本共识？期待放飞哪些梦想和希望呢？

可以说，能否适应这一时代变化的新要求，既取决于我们党的执政能力和领导水平，也取决于我们党能否在前进路上经受住各种考验、挑战和风险，更取决于我们每个人以什么样的心态和心境去追梦新时代、奋进新时代。这其中，最关键的问题就在于能否坚持指导思想上的与时俱进、能否用党的创新理论武装头脑、能否有"为有牺牲多壮志，敢教日月换新天"的新气概。在新发展的意义上，中国特色社会主义进入新时代将进一步实现"人民富裕、国家强盛、中国美丽"，每个中国人都共同享有人生出彩和梦想成真的机会。我们有幸作为这个新时代的主人，应当热烈地拥抱这样的新时代，并努力为这个属于自己的时代贡献出应有的智慧和力量，不能背离这个新时代、更不能辜负这个新时代。

对于党的事业发展而言，进入新时代迫切需要回答的重大课题是坚持和发展什么样的中国特色社会主义、怎样坚持和发展中国特色社会主义。围绕这个重大时代课题，我们党从理论和实践的结合上进行了艰辛探索，形成了习近平新时代中国特色社会主义思想。这是马克思主义中国化的最新成果，是当代中国马克思主义、二十一世纪马克思主义，是全党全国人民为实现中华民族伟大复兴而接续奋斗的行动指南。我们要拥抱新时代、奋进新时代，凝聚起同心共筑中国梦的磅礴力量，创造出更加让世界刮目相看的新的更大奇迹，就需要深入学习领会习近平新时代中国特色社会主义思想，以理论上的清醒确保政治上的坚定，促进行动上的自觉。

进入新时代，以习近平同志为核心的党中央统揽伟大斗争、伟大工程、伟大事业、伟大梦想，为开启全面建设社会主义现代化国家新征程作出了明确部署，确定了实现中华民族伟大复兴的路线图。我们要以习近平新时代中国特色社会主义思想为指引，牢固树立"四个意识"，增强"四个自信"，做到"两个维护"，按照统筹推进"五位一体"总体布局、协调推进"四个全面"战略布局的总要求，不断提高适应新时代、实现新目标、落实新部署的能力，更加勠力同心、更加斗志昂扬、更加奋发有为，敢于面对困难、敢于应对风险、敢于战胜挑战，让新时代中国特色社会主义展现出更加强大的生命力，让全体人民的生活更加幸福美好。

本书作为普及性理论读物，是我们基于新时代知与行应当形成的共识所作的一些理性思考，期待能够为读者学习领会习近平新时代中国特色社会主义思想以及进入新时代党中央作出的重大决策部署提供深入浅出的学术解读。让我们在进入新时代开启新征程的追梦路上相互学习、淬炼思想、坚定信念，不负时代、不负韶华、不辱使命，为实现中华民族伟大复兴而接续奋斗。

孟源北

2021年11月

目 录
contents

第一章
进入新时代与马克思主义的新发展

"中国特色社会主义进入新时代，在中华人民共和国发展史上、中华民族发展史上具有重大意义，在世界社会主义发展史上、人类社会发展史上也具有重大意义。全党要坚定信心、奋发有为，让中国特色社会主义展现出更加强大的生命力！"

——习近平：《决胜全面建成小康社会 夺取新时代中国特色社会主义伟大胜利——在中国共产党第十九次全国代表大会上的报告》（2017年10月18日）

【本章阅读导引】

  中国特色社会主义进入新时代，这是我们党在科学把握世情国情党情深刻变化的基础上，作出的一个事关我国发展全局和发展方位的重要判断。这一重要判断充分表明中国共产党是充满活力、永葆先进性本色的党，是敢于面对时代变革、能够同时代发展共进步的党，体现出了把握历史规律和历史趋势的高度自觉和高度自信。

  进入新时代，表明近代以来久经磨难的中华民族不仅站起来、富起来，而且还要强起来，表明我们比历史上任何时期都更接近、更有信心和能力实现中华民族伟大复兴的目标。进入这样的新时代，是全体中国人将迎来最扬眉吐气、最有自豪感的新时代，它让我们看到中国作为一个历史悠久的文明古国正以阔步向前的崭新姿态展现出大国崛起的强大力量与历史必然。

  进入新时代，我们已经顺利实现第一个百年奋斗目标，如今面临的主要任务是开启实现第二个百年奋斗目标新征程，朝着实现中华民族伟大复兴的宏伟目标继续前进。我们要深入学习、领会和贯彻习近平新时代中国特色社会主义思想，大力弘扬伟大建党精神，坚定理想信念，以史为鉴、开创未来，埋头苦干、勇毅前行，不负时代、不负韶华，勠力同心为实现第二个百年奋斗目标、实现中华民族伟大复兴的中国梦而不懈奋斗。

【学习领会】

一、进入新时代的重要判断

在党的十九大报告中，习近平总书记代表我们党向全世界庄严宣告："经过长期努力，中国特色社会主义进入了新时代，这是我国发展新的历史方位。"①这是我们党在科学把握世情国情党情深刻变化的基础上，作出的一个事关我国发展全局和发展方位的重要判断。这一重要判断充分表明中国共产党是充满活力、永葆先进性本色的党，是敢于面对时代变革、能够同时代发展共进步的党，体现出了把握历史规律和历史趋势的高度自觉和高度自信。我们党作出"中国特色社会主义进入了新时代"的重要判断，是以新中国成立以来特别是改革开放以来我国社会发展进步取得辉煌成就为依据的，它意味着我们将以崭新姿态走向未来。从社会进步的必然规律来看，社会实践从来都是在不断开拓中取得进步和发展的，中国特色社会主义伟大事业的进步和发展也不例外。我们党作出"中国特色社会主义进入了新时代"的重要判断，明确了我国发展新的历史方位，为我们深刻把握当代中国发展的新阶段特征，科学制定党的路线方针政策提供了时代坐标和基本依据。

众所周知，新中国成立伊始我们面临的困难和挑战是极其严峻的，

---

① 《习近平谈治国理政》第3卷，外文出版社2020年版，第8页。

那时的基本国情可谓是"一穷二白"、百废待兴。所谓"穷",就是指底子薄、经济实力差,没有多少工业,农业也不发达;所谓"白"就是指像一张白纸,文化水平、科学水平都不高。当时的新中国是世界上最贫穷的国家之一,经济水平不要说与同时期资本主义发达国家和苏联无法相比,就是与国情相近的印度也有很大差距。毛泽东同志这样说过:"现在我们能造什么?能造桌子椅子,能造茶碗茶壶,能种粮食,还能磨成面粉,还能造纸,但是,一辆汽车、一架飞机、一辆坦克、一辆拖拉机都不能造。"①在这样的基础上,要搞社会主义建设,实现人民普遍丰衣足食、安居乐业,难度可想而知。

在中国共产党的坚强领导下,我们顺利完成了社会主义改造,成功实现从新民主主义革命到社会主义革命的创造性转变,开始逐步探索一条独立自主、自力更生建设社会主义的发展道路。以党的十一届三中全会为标志,我国进入改革开放的新时期,我们党进一步发出走自己的路、建设中国特色社会主义的伟大号召。"从那时以来,我们党团结带领全国各族人民不懈奋斗,推动我国经济实力、科技实力、国防实力、综合国力进入世界前列,推动我国国际地位实现前所未有的提升。"②今日之中国,党的面貌、国家的面貌、人民的面貌、军队的面貌、中华民族的面貌发生了前所未有的变化,中华民族正以崭新姿态屹立于世界的东方;今日之中国,已经是制造业第一大国、货物贸易第一大国、外汇储备第一大国,在曾经的"烂摊子"上建立起了世界第二大经济体;今日之中国,全世界超过2/3的高铁轨道在这里铺设,超过1/3的5G标准必要专利在这里掌握,高速公路总里程在这里稳居世界第一,等等,可谓不一而足。正如2019年9月27日《经济日报》的评论员文章说:"一

① 《毛泽东文集》第6卷,人民出版社1999年版,第329页。

② 《习近平谈治国理政》第3卷,外文出版社2020年版,第8页。

件件过去想都不敢想的事成了现实，一座座令人望而生畏的山峰化为继续攀登的阶梯。"

马克思主义的基本理论认为，生产力的发展是社会进步的最高标准，社会发展和时代进步都必须以生产力的发展为前提和基础。各个人借以进行生产的社会关系，即社会生产关系，是随着物质生产资料、生产力的变化和发展而变化和改变的。正如马克思在《哲学的贫困》中所说："手推磨产生的是封建主的社会，蒸汽磨产生的是工业资本家的社会。"①邓小平同志结合中国处于社会主义初级阶段的具体实际，认为社会主义的本质是"解放生产力，发展生产力，消灭剥削，消除两极分化，最终达到共同富裕"②，并强调判断改革开放是非得失应该主要看"是否有利于发展社会主义社会的生产力，是否有利于增强社会主义国家的综合国力，是否有利于提高人民的生活水平"③。这是对生产力标准的坚持和发展。习近平总书记进一步指出："把是否促进经济社会发展、是否给人民群众带来实实在在的获得感，作为改革成效的评价标准。"④这"两个是否"是在中国经济发展进入新常态、社会发展步入新阶段、改革全面深化呈现新态势的新形势和新背景下，对如何全面深化改革给出的成效评价标准，在本质意义上也是对生产力标准的坚持和发展。作出"中国特色社会主义进入了新时代"的重要判断，其实这正是我们党以马克思主义为指导，基于当今中国的发展已经处于生产力水平显著提升、综合国力显著增强、人民生活水平显著提高这样的基本事实，就社会进步和发展所达

---

① 《马克思恩格斯选集》第1卷，人民出版社2012年版，第222页。

② 《邓小平文选》第3卷，人民出版社1993年版，第373页。

③ 《邓小平文选》第3卷，人民出版社1993年版，第372页。

④ 中共中央宣传部：《习近平新时代中国特色社会主义思想学习纲要》，学习出版社、人民出版社2019年版，第92页。

到的总体水平而给出的综合评价。

就生产力水平显著提升而言，目前我国已成世界制造大国，有220多种产品产量居世界第一，其中高铁、航天、钢铁、道路、桥梁、高楼建筑、计算机、通讯、天文观测等领域已走在世界前列。就综合国力显著增强而言，新中国成立70年来随着社会主义经济建设、政治建设、文化建设、社会建设和生态文明建设的全面协同推进，国家的经济实力、科技实力、国防实力、外交实力、文化实力、教育实力等都达到前所未有的提升，已经从一个积贫积弱、百废待兴的国家，一跃成为国内生产总值和综合国力均居世界前列的社会主义国家。就人民生活水平显著提高而言，2020年全国居民人均可支配收入为32189元（其中城镇居民人均可支配收入43834元，农村居民人均可支配收入17131元）[1]，而1978年全国人均可支配收入仅为171元[2]。据世界银行统计，1962年我国人均GNI（人均国民总收入）只有70美元，到1978年也只达到200美元，而到2018年已经达到9470美元，比1962年增长了134.3倍。在世界银行公布的人均GNI排名中，2018年中国排名第71位（共计192个经济体），比1978年（共计188个经济体）提高104位。[3]所以，作出"中国特色社会主义进入了新时代"的重要判断，是对我国社会主义事业发展所处历史方位的新认识，是我们党对事业发展大踏步赶上时代步伐并开创新局面的新定位。

---

① 《中华人民共和国2020年国民经济和社会发展统计公报》，国家统计局网站（http://www.stats.gov.cn）2021-02-28。

② 国家统计局：《波澜壮阔四十载　民族复兴展新篇——改革开放40年经济社会发展成就系列报告之一》，国家统计局网站（http://www.stats.gov.cn）2018-08-27。

③ 国家统计局：《我国人均国民总收入达9470美元迈上新台阶》，国家统计局网站（http://www.stats.gov.cn）2019-08-29。

二、进入新时代的基本内涵

习近平总书记指出："中国特色社会主义进入新时代，意味着近代以来久经磨难的中华民族迎来了从站起来、富起来到强起来的伟大飞跃，迎来了实现中华民族伟大复兴的光明前景；意味着科学社会主义在二十一世纪的中国焕发出强大生机活力，在世界上高高举起了中国特色社会主义伟大旗帜；意味着中国特色社会主义道路、理论、制度、文化不断发展，拓展了发展中国家走向现代化的途径，给世界上那些既希望加快发展又希望保持自身独立性的国家和民族提供了全新选择，为解决人类问题贡献了中国智慧和中国方案。"①这三个"意味着"说明"新时代"的内涵丰富、意蕴深远、催人奋进，需要我们深刻把握、认真领会、形成思想共识。

首先，我们需要明确"新时代"与"中国特色社会主义"之间的内在关系，要把两者联系在一起来理解。习近平总书记指出："我们必须认识到，这个新时代是中国特色社会主义新时代，而不是别的什么新时代。党要在新的历史方位上实现新时代党的历史使命，最根本的就是要高举中国特色社会主义伟大旗帜。"②这个"新时代"是指中国特色社会主义伟大事业取得了辉煌成就并开始迈向新的进步和发展时代。所以，进入这样的新时代意味着"近代以来久经磨难的中华民族迎来了从站起来、富起来到强起来的伟大飞跃，迎来了实现中华民族伟大复兴的光明前景"③，它表明"我们比历史上任何时期都更接近、更有信心和能力实现中华民族伟大复兴的目标"④。因此，我们对"新

① 《习近平谈治国理政》第3卷，外文出版社2020年版，第8、9页。

② 《习近平谈治国理政》第3卷，外文出版社2020年版，第70页。

③ 《习近平谈治国理政》第3卷，外文出版社2020年版，第8页。

④ 《习近平谈治国理政》第3卷，外文出版社2020年版，第12页。

时代"的理解要与坚定不移走中国特色社会主义发展道路联系起来，充分认识进入"新时代"是中国特色社会主义发展取得伟大胜利而开启的新时代。也就是说，对"新时代"的理解要以增强中国特色社会主义的理想和信念为基本前提。走进这样的"新时代"，其实就内含着我们可以满怀信心走向未来、实现中华民族伟大复兴的中国梦。

其次，我们需要明确"新时代"既同改革开放以来的发展历程一脉相承，又体现出很多与时俱进的新特征。习近平总书记指出："这个新时代，是承前启后、继往开来、在新的历史条件下继续夺取中国特色社会主义伟大胜利的时代，是决胜全面建成小康社会、进而全面建设社会主义现代化强国的时代，是全国各族人民团结奋斗、不断创造美好生活、逐步实现全体人民共同富裕的时代，是全体中华儿女勠力同心、奋力实现中华民族伟大复兴中国梦的时代，是我国日益走近世界舞台中央、不断为人类作出更大贡献的时代。"[1]这五个重要特征是"新时代"最重要的思想内涵，表明进入"新时代"将发生一系列新的历史性巨变，而这其中每一个重要的历史性巨变都是值得期待的。我们要深刻认识到进入这样的时代是全体中国人将迎来最扬眉吐气、最有自豪感的新时代，它让我们看到中国作为一个历史悠久的文明古国正以阔步向前的崭新姿态展现出大国崛起的强大力量与历史必然。为此，习近平总书记明确指出："中国特色社会主义进入新时代，在中华人民共和国发展史上、中华民族发展史上具有重大意义，在世界社会主义发展史上、人类社会发展史上也具有重大意义。全党要坚定信心、奋发有为，让中国特色社会主义展现出更加强大的生命力！"[2]

---

① 《习近平谈治国理政》第3卷，外文出版社2020年版，第9页。

② 《习近平谈治国理政》第3卷，外文出版社2020年版，第10页。

再次，我们需要明确"新时代"是从传统社会走向现代社会、实现社会发展深刻转型的新时代。中国特色社会主义进入新时代，这个"新"并不是一个简单的时间概念，它在本质上是要实现从传统社会到现代社会的跃迁，让中国从经济文化落后的发展中国家成长为富强民主文明和谐美丽的社会主义现代化强国。党的十九大报告指出："改革开放之后，我们党对我国社会主义现代化建设作出战略安排，提出'三步走'战略目标。解决人民温饱问题、人民生活总体上达到小康水平这两个目标已提前实现。在这个基础上，我们党提出，到建党一百年时建成经济更加发展、民主更加健全、科教更加进步、文化更加繁荣、社会更加和谐、人民生活更加殷实的小康社会，然后再奋斗三十年，到新中国成立一百年时，基本实现现代化，把我国建成社会主义现代化国家。"[1]

从十九大到二十大，是"两个一百年"奋斗目标的历史交汇期。党的十九大根据综合分析国际国内形势和我国发展条件，决定从2020年到本世纪中叶分两个阶段来安排：第一个阶段，从2020年到2035年，在全面建成小康社会的基础上，再奋斗十五年，基本实现社会主义现代化；第二个阶段，从2035年到本世纪中叶，在基本实现现代化的基础上，再奋斗十五年，把我国建成富强民主文明和谐美丽的社会主义现代化强国。到那时，我国物质文明、政治文明、精神文明、社会文明、生态文明将全面提升，实现国家治理体系和治理能力现代化，成为综合国力和国际影响力领先的国家，全体人民共同富裕基本实现，我国人民将享有更加幸福安康的生活，中华民族将以更加昂扬的姿态屹立于世界民族之林。习近平总书记指出："从全面建成小康社会到基本实现现代化，再到全面建成社会主义现代化强国，是新时代中国特色社会主义发展的战

---

[1] 《习近平谈治国理政》第3卷，外文出版社2020年版，第21页。

略安排。"[1]这样的战略安排，就是我们理解"新时代"需要把握的社会发展趋势和本质内涵，它表明中国特色社会主义进入新时代将是告别传统社会走向现代社会的新时代。

不论是从理论维度看还是从实践维度看，从传统社会向现代社会的跃升都是一场深刻的社会革命。对于这场深刻革命的到来，首先接受考验的是其社会主体的适应性。美国学者英格尔斯曾经说过：如果执行和运用这些现代制度的人，自身还没有从心理、思想、态度和行为方式上经历一个向现代化的转变，失败和畸形发展的悲剧结局是不可避免的，再完美的现代制度和管理方式，再先进的技术工艺，也会在一群传统人的手中变成废纸一堆。因此，开启全面建设社会主义现代化国家新征程，就需要从思想观念、社会心理、思维方式和行为方式等方面适应这样的转型发展，要有作为主体的人从思想、素质到能力有面向现代化的全面提升。而能否实现这样的社会转型，就取决于我们是否具有迎接"新时代"、奋进"新时代"的思想共识和行动自觉。所以，我们要强化习近平新时代中国特色社会主义思想的理论武装，全面贯彻党的基本理论、基本路线、基本方略，坚忍不拔、锲而不舍，奋力谱写社会主义现代化新征程的壮丽篇章！

三、进入新时代的重要标志

习近平总书记在党的十九大报告中指出："中国特色社会主义进入新时代，我国社会主要矛盾已经转化为人民日益增长的美好生活需要和不平衡不充分的发展之间的矛盾。我国稳定解决了十几亿人的温饱问题，总体上实现小康，不久将全面建成小康社会，人民美好生活需要日

---

① 《习近平谈治国理政》第3卷，外文出版社2020年版，第23页。

益广泛，不仅对物质文化生活提出了更高要求，而且在民主、法治、公平、正义、安全、环境等方面的要求日益增长。同时，我国社会生产力水平总体上显著提高，社会生产能力在很多方面进入世界前列，更加突出的问题是发展不平衡不充分，这已经成为满足人民日益增长的美好生活需要的主要制约因素。"①可以说，社会主要矛盾的变化是中国特色社会主义进入新时代的重要标志，也是进入新时代我们认识和把握"我国发展新的历史方位"需要牢牢抓住的工作着力点以及推动事业新发展需要突出的努力方向。

按照唯物辩证法的基本理论，在复杂事物自身包含的多种矛盾中，每种矛盾由于其所处的地位不同，它对事物发展所起的作用也不相同，因而有主次之分。其中，有一种矛盾与其他诸种矛盾相比较而言，由于处于支配地位、对事物发展起决定作用，这种矛盾就叫做主要矛盾。由于主要矛盾决定事物的性质和发展方向，主要矛盾的存在和发展制约或影响着其他矛盾的存在和发展，因而抓住主要矛盾和矛盾的主要方面，就能找到解决复杂问题的重点和方向。这一朴素的哲学道理告诉我们：捉住主要矛盾，其他问题才能迎刃而解，做任何工作都要区分主次，善于牵住"牛鼻子"。如果主次不加区别，眉毛胡子一把抓，是做不好工作的。毛泽东同志指出："对于矛盾的各种不平衡情况的研究，对于主要的矛盾和非主要的矛盾、主要的矛盾方面和非主要的矛盾方面的研究，成为革命政党正确地决定其政治上和军事上的战略战术方针的重要方法之一，是一切共产党人都应当注意的。"②

在领导革命、建设和改革过程中，我们党之所以能够取得一个又一个的伟大胜利，一条重要的成功经验就是在方法论上始终坚持从我

---

① 《习近平谈治国理政》第3卷，外文出版社2020年版，第9页。

② 《毛泽东著作选读》（上册），人民出版社1986年版，第167页。

国社会实际状况出发，在诸多社会矛盾中和矛盾全局中敏锐地抓住主要矛盾，并自觉围绕主要矛盾部署党和国家全局工作。在新民主主义革命时期，我们党正确分析半殖民地半封建中国的社会矛盾全局，制定了新民主主义革命总路线和一系列方针政策，取得了新民主主义革命的胜利。新中国成立后特别是我国社会主义基本制度建立后，党的八大明确指出："国内的主要矛盾，已经是人民对于建立先进的工业国的要求同落后的农业国的现实之间的矛盾，已经是人民对于经济文化迅速发展的需要同当前经济文化不能满足人民需要的状况之间的矛盾。党和人民当前的主要任务，就是要集中力量解决这个矛盾，把我国尽快地从落后的农业国变成先进的工业国。"[1]应当说，这个提法是符合当时我国实际的，但是后来由于受到"左"的思想干扰和其他比较复杂的历史原因，这一正确论断没有坚持下来。党的十一届三中全会以后，我们党科学分析了我国社会主义初级阶段的主要矛盾，对党的八大的提法作了进一步提炼，提出"我国社会的主要矛盾是人民日益增长的物质文化需要同落后的社会生产之间的矛盾"[2]，为我们党和国家部署全局工作提供了重要指引。改革开放40多年来，我们党正是根据这一主要矛盾制定并有效落实了符合中国实际的正确路线方针政策，才使我国经济社会发展取得巨大成就，人民群众物质文化生活水平蒸蒸日上。

"物有本末，事有终始。知所先后，则近道矣。"[3]从哲学理论来说，主要矛盾关系并影响到事物发展的全局和长远。只有抓住主要矛

---

[1] 中共中央党史和文献研究院：《中国共产党一百年大事记（1921年7月—2021年6月）》，人民出版社2021年版，第81页。

[2] 中央文献研究室：《新时期党的建设文件选编》，人民出版社1991年版，第200页。

[3] 罗安宪主编：《大学 中庸》，人民出版社2017年版，第1页。

盾，才能抓住根本、把握全局，牢牢牵住"牛鼻子"，让工作有重点，做到纲举目张。从历史经验来说，党和国家的事业要顺利发展要以准确认识和把握社会主要矛盾为前提，因为在这样的基础上才能制定正确的路线方针政策，才能明确工作的主攻方向，让工作有的放矢、取得成效。如今中国特色社会主义进入新时代，要成功推进党和国家事业的新发展，就必须准确把握我国社会主要矛盾发生的新变化，并根据新时代社会主要矛盾的变化来确定工作的重点和方向，制定更加符合实际的发展规划，实施更有针对性和可行性的行动方案，才能创造出让世界刮目相看的新的更大奇迹。

进入新时代，我国社会主要矛盾的变化是关系全局的历史性变化。我们要清醒认识到，社会主要矛盾的变化作为中国特色社会主义事业进入新时代的重要标志，它对党和国家的工作提出了许多新要求。什么是美好生活需要？这是我们深刻认识和准确把握新时代社会主要矛盾变化的关键。如果说以前满足人民日益增长的物质文化需要，主要任务是要解决经济发展落后、基本物质生活资料严重不足的问题，那么，进入新时代满足人民日益增长的美好生活需要，主要任务是要推动经济发展方式转型升级，在实现高质量发展的基础上解决人民对美好生活的品质化提升问题。按照马斯诺的需要层次论，人们对自我的生活境况的改变是不断提升的。在物质生活资料严重匮乏的条件下，就特别渴望大力发展生产、促进市场繁荣，以便把"没有"变成"有"，把"贫穷"变成"富裕"，这是满足人民日益增长的物质文化需要的根本目的。在温饱问题已经解决、生活水平逐步提高之后，就会渴望提升自己的生活品质，因而对美好生活的期待就自然而然成为推动社会进步和发展的普遍诉求。这样的美好生活，其实就是人们从真善美的更高境界来理解自己的生活意义，是对符合身心发展需要、体现生活美满幸福的品质化向往和理想化追求。这正是人的社会需求不断升华而带动社会主要矛盾发生转化的必然规律。

在社会生活过程中，人的社会需求不断提升与社会进步和发展对这种提升所能给予的满足往往又是不同步的，客观上会存在这样或那样的不平衡不充分的问题。因为推动社会进步和发展总是非常复杂而艰巨的，不可能一蹴而就，它往往要经历从部分质变到整体提升的逐步过渡。在现实实践中，社会进步和发展既表现为少数人先富、到通过先富带动后富、再逐步实现共同富裕的渐进过程，也表现为先进地区率先发展、到先进地区带动后进地区、再实现各个地区之间均衡发展的逐步推进。人们常说：理想是丰满的而现实是骨感的，这就说明两者有矛盾并不奇怪。习近平总书记也告诫我们："中华民族伟大复兴，绝不是轻轻松松、敲锣打鼓就能实现的。全党必须准备付出更为艰巨、更为艰苦的努力。"①所以，进入新时代面对社会主要矛盾发生的深刻变化，需要我们把满足人民日益增长的美好生活需要作为工作的出发点和落脚点，在继续推动发展的基础上，着力解决好发展不平衡不充分问题，大力提升发展质量和效益，更好满足人民在经济、政治、文化、社会、生态等方面日益增长的需要，更好推动人的全面发展、社会全面进步。

我们对新时代社会主要矛盾的理解和把握还需要明确，我国社会主要矛盾的变化并没有改变我们对我国社会主义所处历史阶段的判断。因为我国仍处于并将长期处于社会主义初级阶段的基本国情没有变，我国是世界最大发展中国家的国际地位没有变。所以，习近平总书记强调："全党要牢牢把握社会主义初级阶段这个基本国情，牢牢立足社会主义初级阶段这个最大实际，牢牢坚持党的基本路线这个党和国家的生命线、人民的幸福线，领导和团结全国各族人民，以经济建设为中心，坚持四项基本原则，坚持改革开放，自力更生，艰苦创业，为把我国建设

---

① 《习近平谈治国理政》第3卷，外文出版社2020年版，第12页。

成为富强民主文明和谐美丽的社会主义现代化强国而奋斗。"①这就是"变"与"不变"的辩证法，它要求我们既不能落后于时代，也不能脱离实际、超越阶段。只有认真把握好这一点，我们才真正把握好当代中国社会主要矛盾变化的深刻内涵。

四、进入新时代呼唤新思想

时代是思想之母，实践是理论之源。实践没有止境，理论创新也没有止境。世界每时每刻都在发生变化，中国也每时每刻都在发生变化，需要我们的理论和思想都跟上时代，不断认识规律，不断推进理论创新、实践创新、制度创新、文化创新以及其他各方面创新。可以说中国特色社会主义进入新时代，这个新时代既是一个呼唤新理论而且一定能够产生新理论的时代，也是一个需要新思想而且一定能够产生思想的时代。这是实践决定认识的必然规律，也是在实践中检验真理和发展真理的必然结果。按照新时代和新实践的要求，我们应当善于聆听时代声音，勇于回答时代之问，始终坚持真理、修正错误，不断推进马克思主义的理论创新，让二十一世纪中国的马克思主义在与时俱进中展现出更强大、更有说服力的真理力量。

恩格斯指出："马克思的整个世界观不是教义，而是方法。它提供的不是现成的教条，而是进一步研究的出发点和供这种研究使用的方法。"②列宁也指出："马克思主义不是死的教条，不是什么一成不变的学说，而是活的行动指南。所以它就不能不反映社会生活条件的异常剧烈的变化。"③列宁还强调："只有不可救药的书呆子，才会单靠引

---

① 《习近平谈治国理政》第3卷，外文出版社2020年版，第10页。

② 《马列著作选读》，人民出版社1988年版，第147页。

③ 《马克思主义经典著作选读》，人民出版社1999年版，第374页。

证马克思关于另一历史时代的某一论述，来解决当前发生的独特而复杂的问题。"①在马克思主义的创立和发展过程中，始终贯穿着理论与实践、历史与逻辑的统一，因而能鲜明体现出与时俱进的理论品质。马克思从肯定资本主义生产方式的普遍性到揭示东方落后国家非资本主义发展的可能性，列宁从"共同胜利论"到"一国数国首先胜利论"的认识，毛泽东从"城市包围农村"到"农村包围城市"的革命道路选择，都是马克思主义具有与时俱进理论品质的生动体现。正是这种与时俱进的品质使马克思主义得到不断丰富和发展，成为推动国际工人运动和社会主义运动滚滚向前的强大思想武器。

习近平总书记指出："马克思主义必定随着时代、实践和科学的发展而不断发展，不可能一成不变。"②他反复强调："与时代同步伐，与人民共命运，关注和回答时代和实践提出的重大课题，是马克思主义永葆生机活力的奥妙所在。我们要以科学的态度对待科学，以真理的精神追求真理，不断赋予马克思主义以新的时代内涵。"③解放思想、实事求是、与时俱进，是马克思主义活的灵魂，是我们适应新形势、认识新事物、完成新任务的根本思想武器。马克思主义基本原理是普遍真理，具有永恒的思想价值，但是马克思主义经典作家并没有穷尽真理，而是不断为寻求真理和发展真理开辟道路。所以，我们必须坚持马克思主义的发展观点，坚持实践是检验真理的唯一标准，在新的时代锐意进取、大胆探索，不断有所发现、有所创造、有所前进，不断开辟马克思主义中国化的新境界，让21世纪中国马克思主义、当代中国马克思主义放射出更加灿烂的真理光芒。

---

① 《列宁专题文集（论马克思主义）》，人民出版社2009年版，第299页。

② 《习近平谈治国理政》第1卷，外文出版社2018年版，第23页。

③ 习近平：《深刻感悟和把握马克思主义真理力量 谱写新时代中国特色社会主义新篇章》，《人民日报》2018年4月25日。

中国特色社会主义事业是前无古人的开创性事业，这项伟大事业是不断发展的、不断前进的，需要一代又一代中国共产党人带领人民接续奋斗。习近平总书记指出："坚持和发展中国特色社会主义是一篇大文章，邓小平同志为它确定了基本思路和基本原则，以江泽民同志为核心的党的第三代中央领导集体、以胡锦涛同志为总书记的党中央在这篇大文章上都写下了精彩的篇章。现在，我们这一代共产党人的任务，就是继续把这篇大文章写下去。"①在中国特色社会主义进入新时代的重要背景下，要继续把"这篇大文章"写下去，就必须从理论和实践结合上系统回答新时代坚持和发展什么样的中国特色社会主义、怎样坚持和发展中国特色社会主义，包括新时代坚持和发展中国特色社会主义的总目标、总任务、总体布局、战略布局和发展方向、发展方式、发展动力、战略步骤、外部条件、政治保证等基本问题，并且要根据新的实践对经济、政治、法治、科技、文化、教育、民生、民族、宗教、社会、生态文明、国家安全、国防和军队、"一国两制"和祖国统一、统一战线、外交、党的建设等各方面作出理论分析和政策指导，以利于更好坚持和发展中国特色社会主义。

围绕这个重大时代课题，我们党坚持以马克思列宁主义、毛泽东思想、邓小平理论、"三个代表"重要思想、科学发展观为指导，坚持解放思想、实事求是、与时俱进、求真务实，坚持辩证唯物主义和历史唯物主义，紧密结合新的时代条件和实践要求，以全新的视野深化对共产党执政规律、社会主义建设规律、人类社会发展规律的认识，进行艰辛理论探索，取得重大理论创新成果，形成了习近平新时代中国特色社会主义思想。这一思想内含的一系列战略性、前瞻性、创新性观点，体现在党的十八大以来以习近平同志为核心的党中央关

---

① 《习近平谈治国理政》第1卷，外文出版社2018年版，第23页。

于治国理政的一系列新理念新思想新战略之中，集中体现在党的十九大报告的"8个明确""14个坚持"和其他重要论述之中。这是对马克思列宁主义、毛泽东思想、邓小平理论、"三个代表"重要思想、科学发展观的继承和发展，是马克思主义中国化最新成果，是党和人民实践经验和集体智慧的结晶，是中国特色社会主义理论体系的重要组成部分，是全党全国人民为实现中华民族伟大复兴而奋斗的行动指南，必须长期坚持并不断发展。

（执笔人：李仁武）

第二章

牢固树立"四个自信"的思想之基

"中国特色社会主义道路是实现社会主义现代化、创造人民美好生活的必由之路，中国特色社会主义理论体系是指导党和人民实现中华民族伟大复兴的正确理论，中国特色社会主义制度是当代中国发展进步的根本制度保障，中国特色社会主义文化是激励全党全国各族人民奋勇前进的强大精神力量。全党要更加自觉地增强道路自信、理论自信、制度自信、文化自信，既不走封闭僵化的老路，也不走改旗易帜的邪路，保持政治定力，坚持实干兴邦，始终坚持和发展中国特色社会主义。"

　　——习近平：《决胜全面建成小康社会 夺取新时代中国特色社会主义伟大胜利——在中国共产党第十九次全国代表大会上的报告》（2017年10月18日）

【本章阅读导引】

　　中国共产党自一九二一年成立以来，始终把为中国人民谋幸福、为中华民族谋复兴作为自己的初心使命，始终坚持共产主义理想和社会主义信念，团结带领全国各族人民为争取民族独立、人民解放和实现国家富强、人民幸福而不懈奋斗，已经走过一百年光辉历程。党和人民百年奋斗，书写了中华民族几千年历史上最恢宏的史诗。

　　新中国成立之后，我们党领导人民进行社会主义革命，推进社会主义建设。改革开放和社会主义现代化建设新时期，党领导人民解放思想、锐意进取，创造了改革开放和社会主义现代化建设的伟大成就，成功开创并不断发展了中国特色社会主义，实现了人民生活从温饱不足到总体小康、奔向全面小康的历史性跨越，推进了中华民族从站起来到富起来的伟大飞跃，中国大踏步赶上了时代。

　　党的十八大以来，我们党领导人民坚定不移走中国特色社会主义道路，解决了许多长期想解决而没有解决的难题，办成了许多过去想办而没有办成的大事，推动党和国家事业取得历史性成就、发生历史性变革，中华民族迎来了从站起来、富起来到强起来的伟大飞跃。这是坚定中国特色社会主义道路自信、理论自信、制度自信和文化自信最充分的信心、底气和希望所在。

　　面向未来，我们要以"四个自信"挺起中国人的精神脊梁，自信自强、守正创新，凝聚起坚持和发展中国特色社会主义、同心共筑中国梦的磅礴力量。

一、从赶上时代转到引领时代

2017年10月18日，中国共产党第十九次全国代表大会在北京隆重召开，习近平代表第十八届中央委员会向大会作报告，明确指出："经过长期努力，中国特色社会主义进入了新时代，这是我国发展新的历史方位。"①2021年7月1日，习近平在庆祝中国共产党成立100周年大会上又向世界庄严宣告："我们实现新中国成立以来党的历史上具有深远意义的伟大转折，确立党在社会主义初级阶段的基本路线，坚定不移推进改革开放，战胜来自各方面的风险挑战，开创、坚持、捍卫、发展中国特色社会主义，实现了从高度集中的计划经济体制到充满活力的社会主义市场经济体制、从封闭半封闭到全方位开放的历史性转变，实现了从生产力相对落后的状况到经济总量跃居世界第二的历史性突破，实现了人民生活从温饱不足到总体小康、奔向全面小康的历史性跨越，为实现中华民族伟大复兴提供了充满新的活力的体制保证和快速发展的物质条件。中国共产党和中国人民以英勇顽强的奋斗向世界庄严宣告，改革开放是决定当代中国前途命运的关键一招，中国大踏步赶上了时代！"②

---

① 《习近平谈治国理政》第3卷，外文出版社2020年版，第8页。

② 习近平：《在庆祝中国共产党成立一百周年大会上的讲话》，《人民日报》2021年7月2日。

这就意味着在中国共产党的领导下，中国已经实现从大踏步赶上时代发展转到引领时代发展的历史性跨越。

实现这一跨越关键在于中国共产党人坚定不移地探索走中国特色的社会主义发展道路。众所周知，斯大林曾把苏联建设社会主义经验和"照搬苏联模式"看作是唯一的社会主义标准，并且认为任何对苏联经验的轻视，都是马克思主义者所不允许的。当东欧社会主义国家对苏联一味"依葫芦画瓢"的时候，中国已经开始探索走中国自己的道路。20世纪50年代末直到80年代，中苏关系一度跌至两国两党的冰点，也就在这一时期，中国完全摆脱了"老大哥"的控制，开启了独立自主建设社会主义的实践探索。在这一个过程中尽管也遭遇了"大跃进""文化大革命"等挫折，但是中国共产党人坚持自力更生、艰苦奋斗、走自己发展道路的决心始终没变。

1978年12月18—22日，党的十一届三中全会在北京召开，以此为标志，中国拉开了改革开放的大幕。十一届三中全会召开前夕，邓小平同志应邀访问日本，参观日本的钢铁、汽车和电器工厂时，发出什么是现代化的感叹。可以说，在中国发展的关键抉择时期，邓小平同志清楚地意识到中国的发展水平与世界发达国家之间的巨大差距，果断向全党全国人民发出了"我们要赶上时代"的号召，并强调"这是改革要达到的目的"。1979年3月21日，邓小平在会见英中文化协会会长马尔科姆·麦克唐纳团长的英中文化协会执行委员会代表团时，第一次提出了"中国式的四个现代化"的概念。他说："我们定的目标是在本世纪末实现四个现代化。我们的概念与西方不同，我姑且用个新说法，叫做中国式的四个现代化。现在我们的技术水平还是你们50年代的水平。如果本世纪末能达到你们70年代的水平，那就很了不起。就是达到这个水平，也还要做许多努力。由于缺乏经验，实现四个现代化可能比想象的还要困难些。"①两天后，他在中央政治局会议上又把"中国式的四个现代化"表述为"中国式的现代化"②。1982年9月，在党的十二大开幕词中，邓小平首次提出了"建设有中国特色社会主义"的崭新命题。他指出："我们的现代化建设，必须从中国的实际出发，无论是革命还是建设，都要注意学习和借鉴外国经验。但是，照抄照搬别国经验、别国模式，从来不能得到成功。这方面我们有过不少教训。把马克思主义的普遍真理同我国的具体实际结合起来，走自己的道路，建设有中国特色的社会主义，这就是我们总结长期历史经验得出的基本结论。"③这是"赶上时代"的重要抉择，不仅让社会主义中国迎来了一个前所未有的跨越发展，而且更重要的还在于探索出了一条有别于西方发展道路的中国特色社会主义发展道路。

改革开放是我们"赶上时代"的重要法宝。可以说，改革开放是中国人民和中华民族发展史上的一次伟大革命，正是这个伟大革命推动了中国特色社会主义事业的伟大飞跃。正是这场历史上从未有过的伟大实践，极大地调动了中国亿万人民的积极性、创造性，极大地解放和发展了社会生产力，使我国实现了从高度集中的计划经济体制到充满活力的社会主义市场经济体制、从封闭半封闭到全方位开放的伟大历史转折。在庆祝改革开放40周年大会上的讲话中，习近平总书记指出："40年的实践充分证明，改革开放是党和人民大踏步赶上时代的重要法宝，是坚持和发展中国特色社会主义的必由之路，是决定当代中国命运的关键一招，也是决定实现'两个一百年'奋斗目标、实现中华民族伟大复兴的

---

① 《邓小平年谱(1975—1997)》（上），中央文献出版社2004年版，第496页。

② 《邓小平年谱(1975—1997)》（上），中央文献出版社2004年版，第497页。

③ 《邓小平文选》第3卷，人民出版社1993年版，第3页。

关键一招。"①

今天的中国已经成为世界第二大经济体、第一工业国、第一大货物贸易国、第一大外汇储备国，多种产品产量居世界第一。改革开放40多年来，按照可比价格计算，我国国内生产总值年均增长约9.5%；以美元计算，我国对外贸易额年均增长14.5%。国际金融危机爆发以来，中国经济增长对世界经济增长的贡献率年均在30%以上。2021年2月28日，国家统计局发布的《2020年国民经济和社会发展统计公报》中显示：在面对严峻复杂的国际形势、艰巨繁重的国内改革发展稳定任务、特别是新冠肺炎疫情的严重冲击下，中国经济总量稳定突破100万亿元大关，人均国内生产总值连续两年超过1万美元。全年国内生产总值达101.6万亿元，比上年增长2.3%，成为全球唯一实现经济正增长的主要经济体。同比按平均汇率折算，2020年中国经济总量占世界经济的比重预计超过17%。②2021年2月25日，习近平总书记在全国脱贫攻坚总结表彰大会上庄严宣告："中国现行标准下9899万农村贫困人口全部脱贫，832个贫困县全部摘帽，12.8万个贫困村全部出列，区域性整体贫困得到解决，完成了消除绝对贫困的艰巨任务，脱贫攻坚战取得了全面胜利。"③可以说，40多年改革开放的生动实践，让中国共产党和中国人民大踏步地实现了从"富起来"到"强起来"的伟大飞跃。"赶上时代"的历史进程充分展示了中国特色社会主义具有强大的生命力，中国道路是实现社会主义现代化、创造人民美好生活的必由之路。

---

① 习近平：《在庆祝改革开放40周年大会上的讲话》，《人民日报》2018年12月19日。

② 《中华人民共和国2020年国民经济和社会发展统计公报》，《中国统计》2021年第3期。

③ 习近平：《在全国脱贫攻坚总结表彰大会上的讲话》，《人民日报》2021年2月26日。

新中国成立以来尤其是在改革开放40多年的发展进程中，中国共产党带领全国人民围绕如何建设一个现代化国家的问题，艰苦奋斗，攻坚克难，通过循序渐进式的改革和发展不断走出自己的发展道路，让近代以来久经磨难的中华民族迎来了从站起来、富起来到强起来的伟大飞跃，迎来了实现中华民族伟大复兴的光明前景。如今进入新时代，就要站在新的、更高的起点上推进事业的新发展。正如习近平总书记所说："当前，改革又到了一个新的历史关头，很多都是前所未有的新问题，推进改革的复杂程度、敏感程度、艰巨程度不亚于40年前，必须以更大的政治勇气和智慧，坚持摸着石头过河和加强顶层设计相结合，不失时机、蹄疾步稳深化重要领域和关键环节改革，更加注重改革的系统性、整体性、协同性，提高改革综合效能。"[1]这就意味着，在新时代新起点上，我们需要进一步解放思想，才能把全面深化改革继续推向前进，才能实现"赶上时代"到"引领时代"的飞跃式发展，为实现第二个"百年奋斗目标"、实现中华民族伟大复兴的中国梦提供强大动力。

二、实现伟大梦想的希望所在

2012年11月15日，习近平总书记在十八届中央政治局常委同中外记者见面时指出："我们的民族是伟大的民族。在五千多年的文明发展历程中，中华民族为人类文明进步作出了不可磨灭的贡献。近代以后，我们的民族历经磨难，中华民族到了最危险的时候。自那时以来，为了实现中华民族伟大复兴，无数仁人志士奋起抗争，但一次又一次地失败了。中国共产党成立后，团结带领人民前仆后继、顽强奋斗，把贫穷落后的旧中国变成日益走向繁荣富强的新中国，中华民族伟大复兴展现

---

① 习近平：《在深圳经济特区建立40周年庆祝大会上的讲话》，《人民日报》2020年10月15日。

出前所未有的光明前景。我们的责任，就是要团结带领全党全国各族人民，接过历史的接力棒，继续为实现中华民族伟大复兴而努力奋斗，使中华民族更加坚强有力地自立于世界民族之林，为人类作出新的更大的贡献。"①

党的十八大以来，中国共产党明确提出要实现中华民族伟大复兴的中国梦，并以巨大的政治勇气和强烈的责任担当，迎难而上，开拓进取，不断为实现中华民族伟大复兴的中国梦而努力奋斗。面对世界经济复苏乏力、局部冲突和动荡频发、全球性问题加剧的外部环境，面对中国经济发展进入新常态等一系列深刻变化，中国共产党提出一系列新理念新思想新战略，出台一系列重大方针政策，推出一系列重大举措，推进一系列重大工作，解决了许多长期想解决而没有解决的难题，办成了许多过去想办而没有办成的大事，取得了改革开放和社会主义现代化建设新的历史性成就，推动党和国家事业发生历史性变革。可以说，党的十八大以来，中国共产党、中国人民、整个中华民族的精神状态提升了一大截，中国实现中华民族伟大复兴的信念提升了一大截，中国直面问题、认清问题、解决问题的能力提升了一大截，大家追求更加美好生活的眼界提升了一大截。步入新时代的中国正日益走近世界舞台中央，久经磨难的中华民族，正以崭新姿态屹立于世界的东方。

今天，中国比历史上任何时期都更接近、更有信心和能力实现中华民族伟大复兴的目标。我们必须牢固树立"四个自信"，义无反顾肩负起实现中华民族伟大复兴的历史使命，始终高举中国特色社会主义伟大旗帜，坚定不移走中国特色社会主义道路，以新的精神状态和奋斗姿态把中国特色社会主义推向前进。正如习近平总书记2018年6月14日在

---

① 中央文献研究室：《习近平关于实现中华民族伟大复兴的中国梦论述摘编》，中央文献出版社2013年版，第3页。

山东济南考察浪潮集团高端容错计算机生产基地时强调："一个国家要发展，明确目标和路径很重要。我们的目标就是实现中华民族伟大复兴的中国梦。现在，我们比以往任何时候都更加接近实现中华民族伟大复兴的中国梦。行百里者半九十，越到这个时候，我们将遇到前所未有的挑战和困难。就像爬珠穆朗玛峰，最后的两百米可能是最困难的一段历程，现在中国也是这样。这个时候更需要我们这种强烈的责任感、历史感、团结一心、脚踏实地、夙兴夜寐。"[1]

坚持走中国特色社会主义道路是实现中国梦的历史必然。中国梦始终贯穿着对现代化、对社会主义、对民族复兴的追求，可以说中国梦就是现代化之梦、社会主义之梦和民族复兴之梦。"1840年鸦片战争以后，中国逐步成为半殖民地半封建社会，国家蒙辱、人民蒙难、文明蒙尘，中华民族遭受了前所未有的劫难。从那时起，实现中华民族伟大复兴，就成为中国人民和中华民族最伟大的梦想。"[2]近代以来，中国人民在救国道路的选择上可谓百般求索：改良主义、自由主义、无政府主义，屡试屡败；"洋务梦""立宪梦""变法梦"，梦梦皆空。唯有中国共产党的领导和中国特色社会主义道路，彻底扭转了中华民族的命运。

毛泽东提出走新民主主义道路，必须实现民族独立、人民解放，从而为中华民族的复兴提供了根本政治前提。走新民主主义道路是替社会主义创造前提，方向是走向社会主义，这是民族复兴的灵魂。"社会主义基本制度确立以后，如何在中国建设社会主义，是党面临的崭新课题。毛泽东同志对适合中国情况的社会主义建设道路进行了艰苦探索。他以苏联的经验教训为鉴戒，提出要创造新的理论、写

<hr />

① 习近平：《创新是我们能否过坎的关键》，《人民日报》2018年6月14日。

② 习近平：《在庆祝中国共产党成立100周年大会上的讲话》，《人民日报》2021年7月2日。

出新的著作，把马克思列宁主义基本原理同中国实际进行'第二次结合'，找出在中国进行社会主义革命和建设的正确道路，制定把我国建设成为一个强大的社会主义国家的战略思想。"[1]毛泽东期望把社会主义中国"变成一个大强国而又使人可亲"[2]，努力实现工业、农业、科学文化和国防的现代化。进入改革开放时期，邓小平同志进一步强调要"走出一条中国式的现代化道路"。1984年，他明确提出建设有中国特色的社会主义的道路。1987年，他又解释说："只讲四化，不讲社会主义。这就忘记了事物的本质，也就离开了中国的发展道路。"[3]1990年，他再次明白地告诉人们，中国集中力量搞四个现代化，就在于振兴中华民族。

历史深刻表明：坚持中国共产党领导的中国特色社会主义道路，不是从天上掉下来的，是在改革开放40多年的伟大实践中得来的，是在中华人民共和国成立70多年的持续探索中得来的，是在中国共产党领导人民进行伟大社会革命一百年的奋斗历程中得来的，是在近代以来中华民族由衰到盛170多年的历史进程中得来的，是对中华文明5000多年的传承发展中得来的。实践也充分证明：坚持走中国特色社会主义道路，是全面建成小康社会之路，是加快推进社会主义现代化之路，是实现中华民族伟大复兴之路。

正如习近平2019年6月24日在十九届中央政治局第十五次集体学习时讲的那样："回顾党的历史，为什么我们党在那么弱小的情况下能够逐步发展壮大起来，在腥风血雨中能够一次次绝境重生，在攻坚克难中能够不断从胜利走向胜利，根本原因就在于不管是处于顺境还是逆

① 习近平：《在纪念毛泽东同志诞辰120周年座谈会上的讲话》，《人民日报》2013年12月27日。

② 《毛泽东文集》第7卷，人民出版社1999年版，第291页。

③ 《邓小平文选》第3卷，人民出版社1993年版，204页。

境，我们党始终坚守为中国人民谋幸福、为中华民族谋复兴这个初心和使命，义无反顾向着这个目标前进，从而赢得了人民衷心拥护和坚定支持。革命战争时期，为实现民族独立、人民解放，我们党百折不挠、浴血奋战，团结带领人民夺取了新民主主义革命胜利，建立了新中国，实现了人民当家作主。新中国成立后，为改变我国一穷二白的落后面貌，我们党迎难而上、艰苦奋斗，团结带领人民确立了社会主义基本制度，取得社会主义建设重大成就。改革开放新时期，为推进改革开放和社会主义现代化建设，我们党解放思想、实事求是、与时俱进，团结带领人民开辟了中国特色社会主义道路，使中华民族大踏步赶上时代，以崭新姿态屹立于世界民族之林。"[1]可以说，对于中国道路发展形成的累累硕果，足以让我们对于中华民族伟大复兴展现出前所未有的光明前景信心满怀。

中华民族的伟大复兴是一条与其他国家不同的发展道路。不论国际上对中国复兴认识多么差异和多元，中国自身对于中国复兴的表述是明确而清楚的，即实现中国梦。中国梦的基本内涵是实现国家富强、民族振兴、人民幸福，也就是实现两个百年的目标，即中国共产党成立一百年时全面建成小康社会、新中国成立一百年时建成富强民主文明和谐的社会主义现代化国家。实现中国梦，正是在不断探索和践行中国特色社会主义道路的实践中得出的逻辑必然，正是坚持四个自信的理论逻辑必然。

经过改革开放40多年的发展，中国共产党对中国社会主义现代化建设作出"三步走"的战略安排中，已提前实现人民温饱问题，人民生活总体上达到小康水平这两个目标。中国已经由一个农业大国转变为一个工业大国、经济大国。这是以邓小平为代表的老一辈无产阶级革命家对

---

① 　《习近平谈治国理政》第3卷，外文出版社2020年版，第530页。

中国"如何走社会主义道路""如何发展中国特色社会主义"等事关国家民族命运和前途问题深刻思考并为之不懈奋斗的最好回答。党的十九大报告指出："到建党一百年时建成经济更加发展、民主更加健全、科教更加进步、文化更加繁荣、社会更加和谐、人民生活更加殷实的小康社会，然后再奋斗三十年，到新中国成立一百年时，基本实现现代化，把我国建成社会主义现代化国家。"①这是实现中华民族伟大复兴的中国梦的希望所在。

2021年7月1日，习近平总书记在庆祝中国共产党成立一百周年大会的重要讲话中庄严宣告："经过全党全国各族人民持续奋斗，我们实现了第一个百年奋斗目标，在中华大地上全面建成了小康社会，历史性地解决了绝对贫困问题，正在意气风发向着全面建成社会主义现代化强国的第二个百年奋斗目标迈进。"②第一个"百年奋斗目标"已经如期实现，这是以习近平同志为核心的党中央领导集体对"如何坚定走中国特色社会主义道路""如何开拓中国特色社会主义新境界"等重大理论和实践问题深刻思考并给出卓越解答的最好见证。全面建成了小康社会，意味着"第一个百年"伟大征程的圆满结束，同时也意味着"第二个百年"伟大征程的庄严开启。可以说，"中华民族迎来了从站起来、富起来到强起来的伟大飞跃，实现中华民族伟大复兴进入了不可逆转的历史进程！"③

① 《习近平谈治国理政》第3卷，外文出版社2020年版，第21页。

② 习近平：《在庆祝中国共产党成立一百周年大会上的讲话》，《人民日报》2021年7月2日。

③ 习近平：《在庆祝中国共产党成立一百周年大会上的讲话》，《人民日报》2021年7月2日。

三、中国人民足以自信的底气

为中国人民谋幸福，为中国民族谋复兴，是中国共产党的初心和使命。一百年来，"中国共产党团结带领中国人民，以'为有牺牲多壮志，敢教日月换新天'的大无畏气概，书写了中华民族几千年历史上最恢宏的史诗。"①这一百年来开辟的伟大道路、创造的伟大事业、取得的伟大成就，充分展现了中华文明的深厚底蕴，充分展现了马克思主义的科学真理性、中国共产党领导的先进性、中国社会主义制度的优越性，充分说明中国人民选择的发展道路是成功的。这就是当今中国不断走向发展进步的希望所在，是实现中华民族伟大复兴中国梦的底气所在。站在新的历史起点，开启全面建设社会主义现代化新征程，我们要从党的百年奋斗历程和伟大成就中汲取智慧和力量，坚持用习近平新时代中国特色社会主义思想武装头脑、指引方向、开创未来，以道路自信、理论自信、制度自信、文化自信挺起中国人精神上的主心骨，进一步增强做中国人的志气、骨气、底气。

其一，道路自信确保了实现中国道路探索的科学路径。习近平总书记在2013年6月25日主持的中共中央政治局第七次集体学习中指出："无论搞革命、搞建设、搞改革，道路问题都是最根本的问题。"②方向决定道路，道路决定命运。中国特色社会主义道路是我们党和人民历尽千辛万苦、付出巨大代价探索出来的，必须长期坚持、不能动摇。习近平总书记曾经这样说过："中国特色社会主义这条道路来之不易，它是在改革开放30多年的伟大实践中走出来的，是在中华人民共和国成立

① 习近平：《在庆祝中国共产党成立一百周年大会上的讲话》，《人民日报》2021年7月2日。

② 中央文献研究室：《习近平关于实现中华民族伟大复兴的中国梦论述摘编》，中央文献出版社2013年版，第28页。

60多年的持续探索中走出来的，是在对近代以来170多年中华民族发展历程的深刻总结中走出来的，是在对中华民族5000多年悠久文明的传承中走出来的。"①这四个"走出来"，深刻说明了中国特色社会主义道路的深厚历史渊源和广泛现实基础，体现了一脉相承和与时俱进的内在统一。我国改革开放之所以能取得巨大成功，既充分体现了中国特色社会主义道路理论的科学性，也充分说明了国特色社会主义道路实践的成效性，这就是我们坚持道路自信的最根本的内在依据。鲁迅先生有句名言：其实地上本没有路，走的人多了，也便成了路。中国特色社会主义，是科学社会主义理论逻辑和中国社会发展历史逻辑的辩证统一，是根植于中国大地、反映中国人民意愿、适应中国和时代发展进步要求的科学社会主义，是全面建成小康社会、加快推进社会主义现代化、实现中华民族伟大复兴的必由之路。坚持中国特色社会主义道路，就是在中国共产党领导下，立足基本国情，把党的基本路线作为党和国家的生命线，始终坚持把以经济建设为中心同四项基本原则、改革开放这两个基本点统一于中国特色社会主义伟大实践。正是这条道路极大地增强了我国的综合国力、国际影响力和人民的获得感、幸福感、安全感，这就是我们坚定制度自信的底气所在。所以，进入新时代我们必须非常清醒：既不能走封闭僵化的老路，也不能走改旗易帜的邪路。

其二，理论自信开辟了实现中华民族复兴的灿烂前景。恩格斯曾经指出："一个民族要想站在科学的最高峰，就一刻也不能没有理论思维。"②中华民族要实现伟大复兴，也同样一刻不能没有理论思维。马克思主义始终是中国立党立国的根本指导思想，是中国共产党的灵魂和旗帜，是我们认识世界、把握规律、追求真理、改造世界的强大思想

---

① 《习近平谈治国理政》第1卷，外文出版社2018年版，第39—40页。

② 《马克思恩格斯选集》第3卷，人民出版社2012年版，第875页。

武器。"中国共产党坚持马克思主义基本原理，坚持实事求是，从中国实际出发，洞察时代大势，把握历史主动，进行艰辛探索，不断推进马克思主义中国化时代化，指导中国人民不断推进伟大社会革命。中国共产党为什么能，中国特色社会主义为什么好，归根到底是因为马克思主义行！"[1]如果说十月革命一声炮响，给我们送来马克思列宁主义，中国共产党通过不断推进实践基础上的理论创新，推动着马克思主义的中国化、时代化，不断开辟马克思主义的新发展新飞跃新境界，形成了毛泽东思想和中国特色社会主义理论体系，指引中国革命走向胜利、探索社会主义建设道路、开创和发展中国特色社会主义的实践征程，那么，进入新时代和事业发展新阶段，我们更应当"坚持用马克思主义观察时代、解读时代、引领时代，用鲜活丰富的当代中国实践来推动马克思主义发展，用宽广视野吸收人类创造的一切优秀文明成果，坚持在改革中守正创新，不断超越自己，在开放中博采众长、不断完善自己，不断深化对共产党执政规律、社会主义建设规律、人类社会发展规律的认识，不断开辟当代中国马克思主义、21世纪马克思主义新境界"[2]，让马克思主义展现出更强大、更有说服力的真理力量。

其三，制度自信构建了中国特色社会主义事业的保障体系。邓小平同志深刻指出："领导制度、组织制度问题更带有根本性、全局性、稳定性和长期性。这种制度问题，关系到党和国家是否改变颜色，必须引起全党的高度重视。"[3]在中国建立什么样的政治制度，是近代以后中国人民面临的一个历史性课题。1840年鸦片战争后，中国逐步沦为半殖民地半封建社会。那个时代，为了挽救民族危亡、实现民族振兴，中国

① 习近平：《在庆祝中国共产党成立100周年大会上的讲话》，《人民日报》2021年7月2日。

② 《习近平谈治国理政》第3卷，外文出版社2020年版，第76页。

③ 《邓小年谱（1975—1997）》（上），中央文献出版社2004年版，第663页。

人民和无数仁人志士孜孜不倦寻找着适合国情的政治制度模式，各种政治势力及其代表人物纷纷登场，都没能找到正确答案，中国依然是山河破碎、积贫积弱，列强依然在中国横行霸道、攫取利益，中国人民依然生活在苦难和屈辱之中。中国共产党领导人民取得新民主主义革命胜利之后，建立了新中国，确立了社会主义制度为实现中华民族伟大复兴奠定了根本政治前提和制度基础，中华民族才迎来了从站起来、富起来到强起来的伟大飞跃。2020年9月8日，习近平在全国抗击新冠肺炎疫情表彰大会上的讲话中明确指出："衡量一个国家的制度是否成功、是否优越，一个重要方面就是看其在重大风险挑战面前，能不能号令四面、组织八方共同应对。我国社会主义制度具有非凡的组织动员能力、统筹协调能力、贯彻执行能力，能够充分发挥集中力量办大事、办难事、办急事的独特优势，这次抗疫斗争有力彰显了我国国家制度和国家治理体系的优越性。历史和现实都告诉我们，只要坚持和完善中国特色社会主义制度、推进国家治理体系和治理能力现代化，善于运用制度力量应对风险挑战冲击，我们就一定能够经受住一次次压力测试，不断化危为机、浴火重生。"[1]发展中国特色社会主义必须坚持制度自信，首先就要坚定对中国特色社会主义政治制度的自信，增强走中国特色社会主义政治发展道路的信心和决心。当然，我们也要不断推进社会主义民主政治制度化、规范化、程序化，更好发挥中国特色社会主义政治制度的优越性，为党和国家兴旺发达、长治久安提供更加完善的制度保障。

其四，文化自信凝聚了中华民族复兴的精神基脉。文化是一个国家、一个民族的灵魂。文化兴国运兴，文化强民族强。没有高度的文化自信，没有文化的繁荣兴盛，就没有中华民族伟大复兴。文化自信意味着民族自信和民族归属感，它是道路自信、理论自信、制度自信的根基

---

[1] 习近平：《在全国抗击新冠肺炎疫情表彰大会上的讲话》，《人民日报》2020年9月9日。

和源泉。中国连绵几千年发展至今的历史从未中断，形成了世界上独具特色、博大精深的价值观念和文明体系。中华民族创造了延续至今、历久弥新的中华优秀传统文化，在继承和发展优秀传统文化基础上，中国共产党和中国人民又孕育了革命文化和社会主义先进文化。这三种文化包含了以爱国主义为核心的民族精神和以改革创新为核心的时代精神，积淀着中华民族最深层的精神追求，代表着中华民族独特的精神标识。坚定"文化自信"，有利于消除中国人在近代以来弱国现状下所形成的自卑阴影，改变中国人"言必称欧美"的崇洋心理，在社会激荡变革和思潮多元的时代，更加客观、更加准确地判断当前意识形态领域和思想道德领域的各种现象、斗争、冲击和挑战，以开放包容的胸襟和辩证思维理性看待西方。

习近平总书记指出："当今世界，要说哪个政党、哪个国家、哪个民族能够自信的话，那中国共产党、中华人民共和国、中华民族是最有理由自信的。"[1]因此，面对未来不论遇到什么样的艰难困苦和什么样的风险挑战，"我们一定要增强'四个自信'，继续把中华民族伟大复兴的事情办好，把弘扬中华文明的事情办好，把中国特色社会主义的事情办好，最根本的是要把中国共产党的事情办好"[2]。我们可以坚信："有中国共产党的坚强领导，有全国各族人民的紧密团结，全面建成社会主义现代化强国的目标一定能够实现，中华民族伟大复兴的中国梦一定能够实现！"[3]

---

[1] 习近平：《在庆祝中国共产党成立95周年大会上的讲话》，《人民日报》2016年7月2日。

[2] 习近平：《在庆祝中国共产党成立95周年大会上的讲话》，《人民日报》2016年7月2日。

[3] 习近平：《在庆祝中国共产党成立100周年大会上的讲话》，《人民日报》2021年7月2日。

四、凝聚干事创业的精神力量

"十月革命一声炮响，给中国送来了马克思列宁主义。在中国人民和中华民族的伟大觉醒中，在马克思列宁主义同中国工人运动的紧密结合中，中国共产党应运而生。中国产生了共产党，这是开天辟地的大事变，深刻改变了近代以后中华民族发展的方向和进程，深刻改变了中国人民和中华民族的前途和命运，深刻改变了世界发展的趋势和格局。"① 习近平总书记指出："一百年前，中国共产党的先驱们创建了中国共产党，形成了坚持真理、坚守理想，践行初心、担当使命，不怕牺牲、英勇斗争，对党忠诚、不负人民的伟大建党精神，这是中国共产党的精神之源。"② 习近平总书记强调："一百年来，中国共产党弘扬伟大建党精神，在长期奋斗中构建起中国共产党人的精神谱系，锤炼出鲜明的政治品格。历史川流不息，精神代代相传。我们要继续弘扬光荣传统、赓续红色血脉，永远把伟大建党精神继承下去、发扬光大！"③

自信人生二百年，会当水击三千里。面对新时代世界百年未有之大变局带来的战略机遇期和风险高发期，不断刷新的发展速度赋予中国自信，更加辉煌的未来等待中国奔赴。我们要始终坚持中国特色社会主义道路自信、理论自信、制度自信、文化自信，凝聚新时代干事创业的精神力量，在实现中华民族伟大复兴的新征程上，荡开如橡巨笔去写下新的篇章。正如2019年9月12日习近平视察北京香山革命纪念地时讲

---

① 习近平：《在庆祝中国共产党成立100周年大会上的讲话》，《人民日报》2021年7月2日。

② 习近平：《在庆祝中国共产党成立100周年大会上的讲话》，《人民日报》2021年7月2日。

③ 习近平：《在庆祝中国共产党成立100周年大会上的讲话》，《人民日报》2021年7月2日。

的那样："要继承和发扬老一辈革命家'宜将剩勇追穷寇，不可沽名学霸王'的革命到底精神，不断增强中国特色社会主义的道路自信、理论自信、制度自信、文化自信，勇于进行具有许多新的历史特点的伟大斗争，坚决战胜前进道路上的各种艰难险阻，使'中国号'这艘巨轮继续破浪前进、扬帆远航。"①

一个时代有一个时代的问题，一代人有一代人的使命。中国特色社会主义进入新时代，行进在历史的交汇点，面对前所未有的历史境遇，如何回应并解答重大紧迫的时代课题成为题中应有之义。当前，国内外形势发生深刻复杂变化，我们面临的环境变化之快、改革发展稳定任务之重、矛盾风险挑战之多、对我们党治国理政考验之大都前所未有，必须强调坚定中国特色社会主义的道路自信、理论自信、制度自信、文化自信，从而确保党和国家事业始终沿着正确方向胜利前进。回望过去，"四个自信"是成就中国特色社会主义伟大事业的成功法宝；展望未来，中国特色社会主义伟大事业将不断向纵深发展。站在新的历史起点上，更需要我们牢固树立"四个自信"。深刻把握其中蕴含的政治先进性、鲜明时代性、实践创造性、文化传承性、共同价值性，使其成为全国人民凝神聚气的精神号角，为我们鼓足干劲，以良好精神风貌在决胜全面建成小康社会、实现中国梦的伟大征程中不断创造新的辉煌。

坚定的信心源于人心的凝聚和精神的合力。回顾历史，可以看到在每一个历史阶段我们总能将远大理想与当时任务紧密结合，提出合情合理、入心入耳、好记易懂的行动口号，形成凝聚全员精神合力，构筑抵御风险、抗击风浪的坚固心理防线。1921年，中国共产党成立之时，就提出要将远大理想同现阶段的具体目标结合起来。1922年，中共二大制定了党的民主革命时期"反帝反封建"的最低纲领和最高纲领。其中，

---

① 《习近平视察北京香山革命纪念地》，《人民日报》2019年9月13日。

党的最低纲领是：消除内乱，打倒军阀，建设国内和平；推翻国际帝国主义的压迫，达到中华民族完全独立；统一中国为真正的民主共和国。党的最高纲领是：组织无产阶级，用阶级斗争的手段，建立劳农专政的政治，铲除私有财产制度，渐次达到一个共产主义社会。1931年，日本侵略中国，抗战爆发。当时的国民党还在一意孤行地执行"攘外必先安内"的政策时，中国共产党就喊出了"停止内战，一致抗日""打到日本帝国主义"等口号，并提出抗战时期在抗日根据地实行"减租减息"和容纳各界利益代表的"三三制"的经济和政治口号，获得了大多数中国人的认同。抗战结束后的国共内战时期，我们党将"减租减息"改为"实现耕者有其田"的土地改革政策，充分满足了农民的愿望和要求，有效动员广大农民参与革命。新中国成立后，毛泽东、周恩来提出了实现"四个现代化"的奋斗目标。在改革开放过程中，邓小平同志强调我们要实现的四个现代化是"中国式的四个现代化"，是"小康之家"。进入新时代，中国共产党进一步提出实现"两个一百年"奋斗目标和中华民族伟大复兴的中国梦作为自己的奋斗目标，注入到社会主义现代化建设的新征程中。2021年，中国已经实现了第一个百年奋斗目标，全面建成了小康社会，解决了绝对贫困问题，中国共产党带领中国人民"正在意气风发向着全面建成社会主义现代化强国的第二个百年奋斗目标迈进。这是中华民族的伟大光荣！这是中国人民的伟大光荣！这是中国共产党的伟大光荣！"①

习近平总书记指出："今天，我们比历史上任何时期都更接近、更有信心和能力实现中华民族伟大复兴的目标，同时必须准备付出更为艰

---

① 习近平：《在庆祝中国共产党成立100周年大会上的讲话》，《人民日报》2021年7月2日。

巨、更为艰苦的努力。"①这就意味着，在新的征程上我们要全面把握并适应中国特色社会主义进入新时代的发展要求，不断提高战略思维、创新思维、辩证思维、法治思维、底线思维能力，增强工作的原则性、系统性、预见性、创造性，自觉与时代发展同步，切实将改革进行到底，不断破解改革发展中遇到的难题，更好推进中国特色社会主义伟大事业。正如习近平总书记所说："使命呼唤担当，使命引领未来。我们要不负人民重托，无愧历史选择，在新时代中国特色社会主义的伟大实践中，以党的坚强领导和顽强奋斗，激励全体中华儿女不断奋进，凝聚起同心共筑中国梦的磅礴力量。"②

（执笔人：段秀芳）

---

① 习近平：《在庆祝中国共产党成立100周年大会上的讲话》，《人民日报》2021年7月2日。

② 习近平：《在庆祝中国共产党成立100周年大会上的讲话》，《人民日报》2021年7月2日。

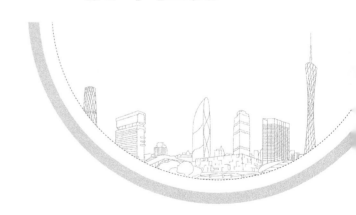

第三章

推动当代中国发展进步的使命任务

"中国特色社会主义，承载着几代中国共产党人的理想和探索，寄托着无数仁人志士的意愿和期盼，凝聚着千千万万革命先烈的奋斗和牺牲，凝聚着全国各族人民的奋斗和实践，是近代以来中国社会发展的必然选择，是历史和人民的选择。"

——习近平：《全面贯彻落实党的十八大精神要突出抓好六个方面工作》（《求是》2013年第1期）

【本章阅读导引】

　　坚持和发展中国特色社会主义，是习近平新时代中国特色社会主义思想的核心要义，也是当代中国发展进步的根本方向。明确坚持和发展中国特色社会主义这一根本方向，是我们党总结我国社会主义探索发展的历史经验得出的必然结论。这个结论深刻揭示了当代中国走向光明未来的正确道路，深刻揭示了实现民族复兴、国家富强、社会和谐、人民幸福的根本途径。

　　中国特色社会主义包含了中国特色社会主义道路、中国特色社会主义理论体系、中国特色社会主义制度和中国特色社会主义文化。历史已经证明：在当代中国，只有中国特色社会主义，才能有效解决我国发展面临的突出矛盾和问题，推动经济社会全面协调可持续的科学发展；才能成功应对前进道路上来自各个领域的风险和挑战，确保党和国家事业破浪前进；才能凝聚党心军心民心，充分激发全社会创造活力，团结全国各族人民为实现中华民族伟大复兴而共同奋斗。

　　进入新时代，我们一定要把坚持和发展中国特色社会主义这一根本方向把握好、贯彻好、落实好。要以习近平新时代中国特色社会主义思想为指导，胸怀中华民族伟大复兴战略全局和世界百年未有之大变局，努力推动物质文明、政治文明、精神文明、社会文明、生态文明协调发展，探索中国式现代化发展新道路，创造人类文明发展新形态。

一、当代中国发展进步的根本方向

坚持和发展中国特色社会主义，是习近平新时代中国特色社会主义思想的核心要义，也是当代中国发展进步的根本方向。明确坚持和发展中国特色社会主义这一根本方向，是我们党总结我国社会主义探索发展的历史经验得出的必然结论。这个结论深刻揭示了当代中国走向光明未来的正确道路，深刻揭示了实现民族复兴、国家富强、社会和谐、人民幸福的根本途径，对于我们党带领人民在新的征程上继往开来、开拓奋进具有十分重大的意义。

中国特色社会主义是近代以来中国历史发展的必然选择，凝聚着几代中国共产党人带领人民探索实践的智慧和心血，寄托着无数仁人志士、革命先烈追求国家独立富强的理想和夙愿。从1840年鸦片战争开始，中华民族遭受帝国主义列强的侵略，面对国家蒙辱、人民蒙难的境况，许多仁人志士都在不断寻找救国图强和民族复兴之路，但均以失败告终。直到中国共产党的成立才真正开启了近代以来中华民族不断走向胜利的复兴之路。在党的领导下，中国人民取得了新民主主义革命的胜利，推翻了帝国主义、封建主义、官僚资本主义三座大山压迫，建立了人民当家做主的中华人民共和国，实现了民族独立和人民解放，中国人民完成了"站起来"的伟大历史壮举。从此，"中华民族任人宰割、饱受欺凌的时代一去不复返了"①。

新中国成立后，我们进行了社会主义革命，消灭了在中国延续几千年的封建剥削压迫制度，确立社会主义基本制度，推进社会主义建设，战胜帝国主义、霸权主义的颠覆破坏和武装挑衅，实现了中华民族有史以来最为广泛而深刻的社会变革，实现了一穷二白、人口众多的东方大国大步迈进社会主义社会的伟大飞跃，为实现中华民族伟大复兴奠定了根本政治前提和制度基础。所以，习近平总书记指出："中国共产党和中国人民以英勇顽强的奋斗向世界庄严宣告，中国人民不但善于破坏一个旧世界、也善于建设一个新世界，只有社会主义才能救中国，只有中国特色社会主义才能发展中国！"②

在确立社会主义制度之后，我们党就带领人民开始了走社会主义道路的艰辛探索。应该说，在探索过程中因为缺乏经验而照抄照搬苏联模式，我们走了不少弯路，付出了不小的代价。特别是由于对"什么是社会主义"我们在认识上并没有完全搞清楚，以为社会主义就是"一大二公三纯"③，在追求"一大二公三纯"的过程中犯了"左"的错误，社会主义实践一度受到严重挫折。但是，中国共产党人始终坚持马克思主义的理论武装，始终坚持走社会主义道路，团结带领人民自力更生、艰苦奋斗、发愤图强，依然创造了社会主义革命和建设的伟大成就，"实现了中华民族有史以来最为广泛而深刻的社会变革，实现了一穷二白、人口众多的东方大国大步迈进社会主义社会的伟大

① 习近平：《在庆祝中国共产党成立一百周年大会上的讲话》，《人民日报》2021年7月2日。

② 习近平：《在庆祝中国共产党成立一百周年大会上的讲话》，《人民日报》2021年7月2日。

③ "一大二公三纯"是建国初期我们对"什么是社会主义"的一种简单化理解和概括。其中，"一大"是指基层组织(如人民公社)的规模越大越好；"二公"是指公有化的程度越高越好；"三纯"是指社会主义的经济成分越纯越好。

飞跃，为实现中华民族伟大复兴奠定了根本政治前提和制度基础"①。

1978年，党的十一届三中全会召开，党中央明确提出走自己的道路，建设有中国特色的社会主义，表达出要从中国的具体国情出发探索中国现代化道路的决心和信心，并以此为标志开启了改革开放的伟大实践。在40多年的改革开放过程中，中国共产党坚持把马克思主义的普遍真理与中国的具体国情结合起来，确立了党在社会主义初级阶段的基本路线，坚定不移推进改革开放，战胜来自各方面的风险挑战，开创、坚持、捍卫、发展中国特色社会主义，成功走上了中国特色社会主义发展道路，"实现了从高度集中的计划经济体制到充满活力的社会主义市场经济体制、从封闭半封闭到全方位开放的历史性转变，实现了从生产力相对落后的状况到经济总量跃居世界第二的历史性突破，实现了人民生活从温饱不足到总体小康、奔向全面小康的历史性跨越，为实现中华民族伟大复兴提供了充满新的活力的体制保证和快速发展的物质条件"②。党的十八大之后，我们党高举中国特色社会主义伟大旗帜，取得改革开放和社会主义现代化建设的历史性成就，"中华民族迎来了从站起来、富起来到强起来的伟大飞跃，实现中华民族伟大复兴进入了不可逆转的历史进程"③。实践充分证明："中国特色社会主义是中国共产党和中国人民团结的旗帜、奋进的旗帜、胜利的旗帜。"④

---

① 习近平：《在庆祝中国共产党成立一百周年大会上的讲话》，《人民日报》2021年7月2日。

② 习近平：《在庆祝中国共产党成立一百周年大会上的讲话》，《人民日报》2021年7月2日。

③ 习近平：《在庆祝中国共产党成立一百周年大会上的讲话》，《人民日报》2021年7月2日。

④ 《习近平谈治国理政》第1卷，外文出版社2018年版，第8页。

找到一条正确的道路多么不容易。习近平总书记指出："道路问题是关系党的事业兴衰成败第一位的问题，道路就是党的生命。中国特色社会主义，是科学社会主义理论逻辑和中国社会发展历史逻辑的辩证统一，是根植于中国大地、反映中国人民意愿、适应中国和时代发展进步要求的科学社会主义，是全面建成小康社会、加快推进社会主义现代化、实现中华民族伟大复兴的必由之路。"①因此，必须毫不动摇地坚持和发展中国特色社会主义。中国特色社会主义包含了中国特色社会主义道路、中国特色社会主义理论体系、中国特色社会主义制度和中国特色社会主义文化。中国特色社会主义从理论和实践结合上系统回答了在中国这样人口多底子薄的东方大国建设什么样的社会主义、怎样建设社会主义这个根本问题。中国特色社会主义始终坚持以历史唯物主义为理论基石，坚持以实现共产主义为最高理想，坚持以无产阶级政党为领导核心，坚持以解放和发展生产力为根本任务，坚持以人民为中心，坚持以公有制和按劳分配为社会主义经济制度的基础，坚持以人民当家作主为社会主义民主政治的本质特征，坚持改革和完善社会主义制度。历史已经证明：在当代中国，只有中国特色社会主义，才能有效解决我国发展面临的突出矛盾和问题，推动经济社会全面协调可持续的科学发展；才能成功应对前进道路上来自各个领域的风险和挑战，确保党和国家事业破浪前进；才能凝聚党心军心民心，充分激发全社会创造活力，团结全国各族人民为实现中华民族伟大复兴而共同奋斗。进入新时代，我们一定要把坚持和发展中国特色社会主义这一根本方向把握好、贯彻好、落实好，坚定不移沿着中国特色社会主义这条道路走下去，不断开拓新局面、不断取得新辉煌。

① 《习近平谈治国理政》第1卷，外文出版社2018年版，第21页。

二、当代中国发展进步的目标任务

在当代中国要实现发展进步，就要开启全面建设社会主义现代化国家的新征程。习近平总书记在党的十九大报告中指出，实现社会主义现代化和中华民族伟大复兴是坚持和发展中国特色社会主义的总任务，要在全面建成小康社会的基础上，分两步走在本世纪中叶建成富强民主文明和谐美丽的社会主义现代化强国。这是进入新时代，坚持和发展中国社会主义的责任和使命。

建设社会主义现代化强国是全党和全国各族人民的共同愿望，也是我们党一以贯之的使命担当。1964年12月21日至1965年1月4日在北京召开的三届人大第一次会议上，周恩来总理在政府工作报告中首次提出把我国建设成为一个具有现代农业、现代工业、现代国防和现代科学技术的社会主义强国。在1975年召开的，全国四届人大一次会议上，周恩来总理又重申了"四个现代化"战略并做了这样的设想：第一步，用十五年时间，即在1990年以前，建成一个独立的比较完整的工业体系和国民经济体系；第二步，在20世纪内全面实现农业、工业、国防和科学技术的现代化，使中国的国民经济走在世界的前列。这一设想凝聚了中国人民为之奋斗的共同期盼。1978年，党的十一届三中全会确定把工作重点转移到经济建设上来，使中国的经济发展步入了快车道，也为中国实现现代化开辟了新的路径。1979年，邓小平同志代表我们党提出现代化发展的"三步走"战略：即第一步，从1981年到1990年国民生产总值翻一番，实现温饱；第二步，从1991年至20世纪末再翻一番，达到小康；第三步，到21世纪中叶再翻两番，达到中等发达国家水平。1987年10月，"三步走"发展战略正式写入党的十三大报告中。1997年10月，党的十五大把"三步走"战略的第三步进一步具体化：即21世纪第一个十年，实现国民生产总值比2000年翻一番，使人民的小康生活更加富裕；然后再经过十年的努力，到建党一百周年时使国民经济更加发展，各项制度更加完善；到21世纪中叶建国一百周年时基本实现现代化，建成富强、民主、文明的社会主义国家。2012年党的十八大再次重申：在中国共产党成立一百年时全面建成小康社会，在新中国成立一百年时建成富强、民主、文明、和谐的社会主义现代化国家。党的十九大开启了全面建设社会主义现代化国家新征程并提出到建党一百周年的时候要全面建成小康社会，到建国一百年周年的时候建成社会主义现代化强国。

全面建成小康社会是对我国发展所要达到的状态和所要进入的阶段作出的整体性描述，是国家发展水平的总体展现。全面建成小康社会所强调的不仅是"小康"，更重要的是"全面"。"小康"讲的是发展水平，"全面"讲的是发展的平衡性、协调性、可持续性。什么是全面小康？首先，它要求覆盖的领域要全面，包括经济更加发展、民主更加健全、科教更加进步、文化更加繁荣、社会更加和谐、人民生活更加殷实；其次，它要求覆盖的人口要全面，即不是少数人富裕的小康而是惠及全体人民、走向共同富裕的小康；再次，它要求覆盖的区域要全面，即它不是个别先进地区的小康而是全国城乡区域共同达到的小康。因此，全面建成小康社会是能够得到人民认可并能够经得起历史检验的发展目标。目前，全面建成小康社会的第一个百年奋斗目标已经实现，习近平总书记在在庆祝中国共产党成立一百周年大会上的讲话中指出："经过全党全国各族人民持续奋斗，我们实现了第一个百年奋斗目标，在中华大地上全面建成了小康社会，历史性地解决了绝对贫困问题，正在意气风发向着全面建成社会主义现代化强国的第二个百年奋斗目标迈进。"①

全面建设社会主义现代化国家，是我们党在全面建成小康社会奋

---

① 习近平：《在庆祝中国共产党成立100周年大会上的讲话》，《人民日报》2021年7月2日。

斗目标完成之后新的奋斗目标，是我国社会主义现代化建设"三步走"总体战略的继续和深入，也是党的十九大作出的重大战略部署。习近平总书记在党的十九大报告中指出："从十九大到二十大，是'两个一百年'奋斗目标的历史交汇期。我们既要全面建成小康社会实现第一个百年奋斗目标，又要乘势而上开启全面建设社会主义现代化国家新征程，向第二个百年奋斗目标进军。"①对全面建设社会主义现代化国家的目标任务，党的十九大在战略步骤上分了两个阶段来安排：第一个阶段，从2020年到2035年，在全面建成小康社会的基础上，再奋斗15年，基本实现社会主义现代化；第二个阶段，从2035年到本世纪中叶，在基本实现现代化的基础上，再奋斗15年，把我国建成富强民主文明和谐美丽的社会主义现代化强国。这个安排，是我们党在综合分析了国内外形势和我国的发展条件之后作出的重大决策，顺应了人民对美好生活的新期待，体现了我们党高度的历史担当和使命追求。

进入新时代，我党提出实现社会主义现代化目标任务的重要依据是因为经过40多年改革开放我国社会主义现代化建设进程已大大超过了当初的设想，许多指标已经提前实现。党的十八大召开以来，我国经济在调整中呈现缓中趋稳、稳中向好态势，根据国家统计局统计：我国2020年国内生产总值突破100万亿元，比上年增长2.3%。②在2020年新冠疫情影响下，世界各国经济发展倒退，我国是全球唯一实现经济正增长的主要经济体，经济恢复走在世界前列，成为推动全球经济复苏的主要力量。"有关部门测算情况表明……按照年均增长5%、价格指数2%、假定汇率不变来测算，到2035年我国现价国内生产总值预计将达到290

① 《习近平谈治国理政》第3卷，人民出版社2020年版，第22页。

② 国家统计局：《中华人民共和国2020年国民经济和社会发展统计公报》，人民网2021年02月28日。

万亿元约合43.6万亿美元，届时我国14亿人口的人均国内生产总值将达20.6万元，约合3万美元，有把握达到那时世界中等发达国家水平，有把握基本实现现代化。"①

从国际环境看，以经济实力、科技实力、文化实力、军事实力等为主要内容的综合国力竞争虽然激烈，但国际力量对比总体上也有利于保持世界和平的态势。目前世界和平、发展、合作、共赢的时代潮流总体上没有改变，世界各国经济相互依存仍然是常态，因此我们可以抓住许多重要的战略机遇来加快社会主义现代化建设。从国内环境看，党的十八大以来，我国经济建设、政治文化建设、社会建设、生态文明建设统筹推进，各方面的工作都取得了新的重大成就。虽然近几年我国经济有下行压力，但经济长期向好的基本面没有变，改革发展呈现良好态势，人民生活继续改善，社会总体稳定和谐，我国的经济增速在世界主要国家中一直名列前茅。综合分析国内外的环境和发展条件可以预期，我们有能力在本世纪中叶完成社会主义现代化强国建设的任务，有能力实现中华民族的伟大复兴。

三、当代中国发展进步的战略部署

党的十九大对我国社会主义现代化建设做出了新的战略部署，明确中国特色社会主义事业的总体布局是"五位一体"、战略布局是"四个全面"。"五位一体"就是从经济、政治、文化、社会、生态文明五个方面统筹推进社会主义现代化建设；"四个全面"就是全面建成小康社会、全面深化改革、全面依法治国、全面从严治党。针对我国全面建成小康社会的目标已经实现，2020年10月召开的党的十九届五中全会将

---

① 中共中央宣传部：《习近平新时代中国特色社会主义思想三十讲》，学习出版社2018年版，第130页。

"四个全面"调整为全面建设社会主义现代化国家、全面深化改革、全面依法治国、全面从严治党。"五位一体"总体布局和"四个全面"战略布局是新时代推进中国特色社会主义事业的路线图和行动纲领,是实现中华民族伟大复兴中国梦的必由之路。

中国特色社会主义事业总体布局的"五位一体"思想是党的十八大明确提出来的,但其形成是有一个历史过程的。早在20世纪80年代,我国在经济体制改革快速发展的同时出现了一些消极现象,包括经济犯罪现象、贪污腐败现象、"黄赌毒"和精神污染等,邓小平同志当时就强调要"两手抓,两手都要硬",即一手要抓改革开放,另外一手要抓严厉打击经济犯罪,包括抓思想政治工作。经过实践的发展,邓小平的"两手抓"理论进一步完善,提升为社会主义物质文明建设和精神文明建设"两手抓,两手都要硬"。党的十二届三中全会通过的《中共中央关于经济体制改革的决定》指出:社会主义物质文明和精神文明建设要一起抓,这是我们党坚定不移的方针。党的十三大正式提出了"三位一体"的战略布局,明确社会主义初级阶段要建设充满活力的社会主义经济、政治、文化体制。党的十六届六中全会分别论述了我国在经济、政治、文化和社会等领域取得的一系列新的历史性的成就,正式提出了"四位一体"思想,即社会主义的经济、政治、文化和社会建设。之后,在党的十七大报告中明确提出,坚持中国特色社会主义经济建设、政治建设、文化建设、社会建设的基本目标。在强调"四位一体"的同时,党和政府在重视环境保护、生态保护的实践中,提出了生态文明和生态建设的概念。党的十七届四中全会正式提出"五位一体"总体布局,即"社会主义经济建设、政治建设、文化建设、社会建设以及生态文明建设"。在党的十八大报告中,"五位一体"总体布局被纳入中国特色社会主义道路的内涵当中,党的十九大更是要求从全局的高度落实"五位一体"总体布局,为实现伟大"中国梦"而努力奋斗。"五位一体"总体布局,不但体现了中国特色社会主义道路在实践中的不断完善和发展，更是展现了中国特色社会主义事业全面发展的美好前景。

在"五位一体"总体布局当中，经济建设是当代中国发展进步的前提和基础。因为发展中国特色社会主义事业要坚持解放和发展社会生产力，推动经济持续健康发展，才能满足人民日益增长的美好生活需要。目前，我国经济已由高速增长阶段转向高质量发展阶段，正处在转变发展方式、优化经济结构、转换增长动力的攻关期，必须坚持质量第一、效益优先，以供给侧结构性改革为主线，推动经济发展质量变革、效率变革、动力变革，提高全要素生产率，着力加快建设实体经济、科技创新、现代金融、人力资源协同发展的产业体系，着力构建市场机制有效、微观主体有活力、宏观调控有度的经济体制，不断增强我国经济创新力和竞争力，更好解决发展不平衡不充分的突出问题。

在"五位一体"战略布局中，政治建设是当代中国发展进步的根本保证。中国特色社会主义政治制度是中国共产党带领中国人民在探索中国特色社会主义的过程中，根据我国的实际国情而建立起来。中国特色社会主义政治制度包含了党的领导、人民当家作主、依法治国的内容，是三者的有机统一。党的领导是人民当家作主和依法治国的根本保证，人民当家作主是社会主义民主政治的本质特征，依法治国是党领导人民治理国家的基本方式，三者统一于我国社会主义民主政治伟大实践。要通过政治建设不断完善我国的政治制度，才能使党的领导更加牢固、人民当家作主真正实现、依法治国全面实施。

在"五位一体"战略布局中，文化建设是当代中国发展进步的重要支撑和精神动力。文化是一个国家、一个民族的灵魂。建设中国特色社会主义不能没有灵魂的引领，因此要通过文化建设，发展中国特色社会主义文化，激发全民族文化创新创造活力，建设社会主义文化强国。中国特色社会主义文化建设，必须牢牢掌握意识形态工作领导权，建设具有强大凝聚力和引领力的社会主义意识形态。通过培育社会主义核心价值观和加强思想道德建设，引导人民树立社会主义理想信念、认同社会主义价值理念和道德观念。要繁荣发展社会主义文艺，推动文化事业和文化产业发展，完善公共文化服务体系，深入实施文化惠民工程，丰富群众性文化活动，提供丰富的精神食粮，更好满足人民过上美好生活的新期待。

在"五位一体"战略布局中，社会建设是当代中国发展进步的重要保障。加强社会建设就是要坚持人民利益至上原则，加强社会保障体系建设，建成多层次社会保障体系。要持续推进教育体制改革，努力让人民享有公平而有质量的教育；要坚持就业优先战略和积极就业政策，使人人都有通过辛勤劳动实现自身发展的机会；要坚持按劳分配原则，完善按要素分配的体制机制，促进收入分配更合理；要坚决打赢脱贫攻坚战。目前，我国的脱贫攻坚战已经取得了基本胜利，农村贫困人口基本实现脱贫，全国的贫困县全部摘帽。在社会建设方面，还要打造共建共治共享的社会治理格局，加强社会治理制度建设，完善社会治理体制，形成有效的社会治理和良好的社会秩序，使人民的获得感、幸福感、安全感普遍提高。

在"五位一体"战略布局中，生态文明建设是当代中国发展进步的基础条件。我们要建设的现代化是人与自然和谐共生的现代化，既要创造更多物质财富和精神财富以满足人民日益增长的美好生活需要，也要提供更多优质生态产品以满足人民日益增长的优美生态环境需要。通过生态文明建设，建成绿水青山的生态环境，形成节约资源和保护环境的空间格局、产业结构、生产方式和生活方式，才能为人民群众提供自然、宁静、和谐、美丽的幸福家园，满足人民群众过上幸福生活的热切期盼。

"四个全面"战略布局的内容包含了全面建成小康社会（党的十九届五中全会调整为全面建设社会主义现代化国家）、全面改革开放、全面依法治国、全面从严治党。全面建成小康社会是"两个一百年"奋斗目标的第一个百年目标，是实现全体人民"共同富裕"首要前提。目前，在党和全国人民的共同努力下，全面建成小康社会的目标已经实现，正在向建设社会主义现代化国家迈进。全面深化改革是对改革更广领域的深入推进，着重解决新时期所遇到的改革难题和障碍。"全面"是指改革更注重系统性、整体性、协同性；"深化"就是要以重要领域和关键环节作为改革突破口，解决深层次矛盾和实质性问题，使改革向纵深发展。全面依法治国，就是要求把法治覆盖到国家治理的每一个角落、全部范围和所有层面，使社会在法律的轨道有序运行，使公民的自由权利得到保障，使社会的公平正义得以实现。全面从严治党的"全面"就是要求治党无禁区、全覆盖；"从严"就是严格按照党内法规对违反党纪党规的现象实行零容忍、强高压。只有全面从严治党，才能永葆中国共产党的先进性，才能巩固中国共产党的执政地位，才能最终完成中国共产党的历史使命。

"五位一体"总体布局是一个长远性总布局，着重解决社会的全面发展问题，特别是全面建成小康社会进程中出现的不平衡、不协调、不可持续的突出问题，具有方向性作用。"四个全面"战略布局是解决当前发展阶段突出问题的战略抓手，体现工作的着力点。"五位一体"和"四个全面"相互促进、统筹联动，以推进"四个全面"来实现"五位一体"，以统筹"五位一体"来完善"四个全面"。党的十九届五中全会审议通过了《中共中央关于制定国民经济和社会发展第十四个五年规划和二〇三五年远景目标的建议》再次重申：统筹推进"五位一体"总体布局，协调推进"四个全面"战略布局，坚持稳中求进工作总基调，坚持新发展理念，坚定不移推进改革开放，沉着有力应对各种风险挑战，促进党和国家各项事业取得新的重大成就。

四、当代中国发展进步的基本方略

习近平总书记在党的十九大报告中对新时代如何坚持和发展中国特色社会主义给出"14个坚持"——即坚持党对一切工作的领导，坚持以人民为中心，坚持全面深化改革，坚持新发展理念，坚持人民当家作主，坚持全面依法治国，坚持社会主义核心价值体系，坚持在发展中保障和改善民生，坚持人与自然和谐共生，坚持总体国家安全观，坚持党对人民军队的绝对领导，坚持"一国两制"和推进祖国统一，坚持推动构建人类命运共同体，坚持全面从严治党。这"14个坚持"是新时代坚持和发展中国特色社会主义的基本方略，也是当代中国发展进步的基本方略。

这一基本方略中的"14个坚持"内涵丰富、层次分明、逻辑严密、自成体系，从理论和实践相结合的角度，系统回答了怎样坚持和发展中国特色社会主义的重大时代课题。其中坚持党对一切工作的领导，是我们在新时代新征程中必须牢牢把握的根本原则；坚持以人民为中心，是我们党的根本宗旨，也是我们党的初心使命；坚持全面深化改革，是我们实现发展的必由之路；坚持新发展理念，是实现经济高质量发展的必然要求；坚持人民当家作主，是中国特色社会主义民主政治的根本体现和独特优势；坚持全面依法治国，是实现我国治理体系和治理能力现代化，使各领域、各环节的改革进程都能在法治轨道上有序推进的根本保证；坚持社会主义核心价值体系，是彰显我们党在价值观建设方面的基本准则；坚持在发展中保障和改善民生，是中国改革、发展的最大问题；坚持人与自然和谐共生，是建设美丽中国，推进绿色发展、解决突出环境问题、加大生态系统保护力度和改革生态环境监管体制等方面的重要举措；坚持总体国家安全观，是确保中华民族伟大复兴的安全总战略；坚持党对人民军队的绝对领导，是我军的独特优势，是军队建设的根本要求；坚持"一国两制"和推进祖国统一,是解决港、澳、台问题的最佳方案,也是港、澳回归后保持长期稳定、繁荣的最佳制度,也是实现中华民族伟大复兴的重要任务;坚持推动构建人类命运共同体,是中国发展进入世界舞台中心的使命担当,是构建新型国际关系的最新理念;坚持全面从严治党,是我党永保先进性,实现长期执政的根本要求。

从内容来看,这一基本方略的前三条构成其总论部分。"坚持党对一切工作的领导",明确了新时代中国特色社会主义的领导力量和政治保证。"坚持以人民为中心",突出了新时代中国特色社会主义的政治立场和价值取向。"坚持全面深化改",重申了新时代中国特色社会主义的发展动力和体制保障。这三条贯穿于整个基本方略中,是管总的方面,集中体现了基本方略的政治性、人民性和创新性,是基本方略的政治导向。基本方略的第四至第九条作为主干部分,是中国特色社会主"五位一体"总体布局的具体展开、现实要求和目标升华。经济建设的要求升华为"坚持新发展理念",政治建设的要求进一步具体化为"坚持人民当家作主"和"坚持全面依法治国"两个方面,文化建设的要求集中为"坚持社会主义核心价值体系",社会建设突出了"坚持在发展中保障和改善民生"的重点任务,生态文明建设的要求突出了"坚持人与自然和谐共生"的理念。这五条共同构成了新时代中国特色社会主义的总任务,目标是把我国建设成为一个富强民主文明和谐美丽的社会主义现代化强国。同时,这一部分也是"四个全面"战略布局的自觉运用和丰富发展。基本方略的后五条,构成了其推进条件。"坚持总体国家安全观"是确保中国特色社会主义发展道路安全的战略理念和科学安排;"坚持党对人民军队的绝对领导",进一步明确了人民军队建设的政治方向和实现党的强军目标的战略安排;"坚持'一国两'和推进祖国统一",是做好港澳台工作和实现祖国统一的科学遵循;"坚持推动构建人类命运共同体",是外交工作的战略理念和战略安排;"坚持全面从严治党",是推进党的建设的新的伟大工程的顶层设计和总体要求。这五条是新时代中国特色社会主义政治建设在安全、军队、港澳台、外交和党建等领域的延伸，是推进新时代中国特色社会主义的条件保障，是基本方略整体性的重要表现。

这一基本方略充分体现了当代中国共产党人对新时代中国特色社会主义规律的总体把握。新时代中国特色社会主义规律必须从新时代中国特色社会主义实践中进行认识和把握。基本方略的内容贯穿着新时代中国特色社会主义这条主线，涉及改革发展稳定、内政外交国防、治党治国治军等方面的内容，既涉及中国特色社会主义伟大事业，又涉及党的建设新的伟大工程；既涉及奋斗目标和价值取向，又涉及动力源泉和保障条件；既涉及国内和国际两个大局的统筹，又涉及发展和安全两件大事的处理；既实现了政党治理、国家治理、全球治理的有机统一，也实现了强国方略与强党方略的有机统一。基本方略既涉及生产力和生产关系，又涉及经济基础和上层建筑，在普遍规律与特殊规律的结合上回答了新时代怎样坚持和发展中国特色社会主义的重大时代课题，充分体现了当代中国共产党人对辩证唯物主义和历史唯物主义世界观和方法论的运用，也表明中国共产党人对新时代怎样坚持和发展中国特色社会主义规律的认识水平达到了新高度。

这一基本方略既是习近平新时代中国特色社会主义思想的重要内容，更是指引新时代坚持和发展中国特色社会主义具有全局性、战略性、前瞻性的行动纲领。全党同志必须全面贯彻党的基本理论、基本路线、基本方略，更好引领党和人民事业发展。可以坚信，只要我们按照这个行动纲领指引的方向共同努力，就必将推动我们的事业沿着正确方向阔步前行、胜利驶向光辉的彼岸。当前，我们已经胜利完成了第一个百年奋斗目标，正在向第二个百年奋斗目标和中华民族伟大复兴战略全局奋勇迈进，所面临的机遇前所未有，要面对的困难和挑战也前所未有。而且，当今世界正经历百年未有之大变局，国际环境日趋复杂，不稳定性不确定性明显增加。因此，我们要深刻认识我国社会主要矛盾变化带来的新特征新要求，深刻认识错综复杂的国际环境带来的新矛盾新挑战，增强机遇意识和风险意识，立足于中华民族伟大复兴战略全局，坚持和发展中国特色社会主义，统筹推进"五位一体"总体布局、协调推进"四个全面"战略布局，努力在危机中育先机、于变局中开新局，推动物质文明、政治文明、精神文明、社会文明、生态文明协调发展，进一步创造中国式现代化发展新道路，进一步创造人类文明发展新形态。

（执笔人：霍秀媚）

第四章

开辟马克思主义理论发展的新境界

"马克思主义是不断发展的开放的理论，始终站在时代前沿。马克思一再告诫人们，马克思主义理论不是教条，而是行动指南，必须随着实践的变化而发展。一部马克思主义发展史就是马克思、恩格斯以及他们的后继者们不断根据时代、实践、认识发展而发展的历史，是不断吸收人类历史上一切优秀思想文化成果丰富自己的历史。因此，马克思主义能够永葆其美妙之青春，不断探索时代发展提出的新课题、回应人类社会面临的新挑战。"

　　——习近平：《在纪念马克思诞辰200周年大会上的讲话》

（2018年5月4日）

【本章阅读导引】

习近平新时代中国特色社会主义思想是当代中国马克思主义、二十一世纪马克思主义，是中华文化和中国精神的时代精华，实现了马克思主义中国化新的飞跃。其植根于中国社会当代实际，立足时代之基、回答时代之问，鲜明贯穿着马克思主义立场观点方法，闪耀着马克思主义真理的光芒，在深化改革、推动发展、治国理政、治党管党等方面开辟了马克思主义新境界。

习近平新时代中国特色社会主义思想始终把马克思主义作为理论起点、逻辑起点和价值起点，以中国实践作为理论创新的基础和动力，坚持历史、理论、实践逻辑的有机统一，全面系统地回答了新时代坚持和发展什么样的中国特色社会主义、怎样坚持和发展中国特色社会主义，建设什么样的社会主义现代化强国、怎样建设社会主义现代化强国，建设什么样的长期执政的马克思主义政党、怎样建设长期执政的马克思主义政党等重大时代课题，是进入新时代、开启全面建设社会主义现代化国家新征程、实现中华民族伟大复兴中国梦的行动指南。

进入新时代呼唤理性共识，最关键的就是要全面贯彻习近平新时代中国特色社会主义思想，自觉坚定理论自信，坚持用马克思主义的立场、观点、方法观察时代、把握时代、引领时代，为实现中华民族伟大复兴而不懈奋斗、砥砺奋进。

【学习领会】

作为马克思主义中国化最新成果，习近平新时代中国特色社会主义思想植根于中国当代社会的实际，立足时代之基、回答时代之问，以马克思主义立场、观点、方法贯穿始终，把马克思主义作为理论、逻辑和价值起点，以中国实践作为理论创新的基础和动力，实现了历史、理论、现实逻辑的有机统一，全面系统回答了新时代坚持和发展什么样的中国特色社会主义、怎样坚持和发展中国特色社会主义这一重大课题，闪耀着灿烂的真理光芒，在深化改革、推动发展、治国理政、治党管党等方面开辟了马克思主义新境界，构成了当代中国的马克思主义和21世纪的马克思主义。

一、开辟如何深化改革新境界

习近平新时代中国特色社会主义思想构成了马克思主义改革观在当代中国的最新发展。党的十八大以来，以习近平同志为核心的党中央高举改革开放旗帜，站在新的历史起点上，作出全面深化改革的重大战略部署，统筹推进"五位一体"总体布局和协调推进"四个全面"战略布局，为党和国家事业发生历史性变革、取得历史性成就注入了强大的动力与活力。习近平总书记深刻总结历史经验，把握时代发展大势，回答实践新要求，顺应人民新期待，运用马克思主义立场、观点、方法，开创性地提出全面深化改革的新观点新要求，不断开辟全面深化改革的马克思主义新境界。

其一，强调全面深化改革的总目标是完善和发展中国特色社会主义制度，推进国家治理体系和治理能力现代化，是对马克思主义实践观的坚持和发展。

马克思主义认为，实践是改造世界的物质力量，也是推动变革的根本力量，其核心在于强调理论与实践相统一。实践是理论的基础，理论又转过来为实践服务，这客观上要求全面深化改革必须坚持解放思想和实事求是的有机统一。经过40多年改革开放，中国特色社会主义制度和各方面体制机制在创新发展中已日渐完善。然而，新的体制机制确立后，随着时代发展，社会进步又会出现新的问题。永葆中国特色社会主义制度的生机活力和巨大优越性，除了继续深化改革别无他途。2018年12月18日，习近平总书记在庆祝改革开放40周年大会上发表重要讲话时强调："改革开放已走过千山万水，但仍需跋山涉水，摆在全党全国各族人民面前的使命更光荣、任务更艰巨、挑战更严峻、工作更伟大。"[1]面对新时代中国改革"牵一发而动全身"的复杂现实，面对发展的阶段性特征，需要坚持一切从实际出发、从基本国情出发、从人民群众的根本利益出发，在深刻认识国情的基础上进一步解放思想，既大胆探索又脚踏实地，保证我们的举措和行动遵循事物发展规律、符合历史前进方向，更好地实现改革力度、发展速度和社会可承受程度的统一。习近平总书记指出："在新时代，中国人民将继续自强不息、自我革新，坚定不移全面深化改革，逢山开路，遇水架桥，敢于向顽瘴痼疾开刀，勇于突破利益固化藩篱，将改革进行到底。"[2]这就要求全体中

---

① 习近平：《在庆祝改革开放40周年大会大会上的讲话》，《人民日报》2018年12月19日。

② 习近平：《开放共创繁荣 创新引领未来——在博鳌亚洲论坛2018年年会开幕式上的主旨演讲》，《人民日报》2018年4月11日。

国共产党人不能自视清高、自我满足，更不能裹足不前、固步自封，而要坚持制度自信和改革创新有机统一，不断推动中国特色社会主义制度的自我完善和发展，以确保中国特色社会主义制度在实践中具有强大的生命力。

其二，全面深化改革必须更加注重改革的系统性、整体性、协同性，这是对马克思主义辩证发展观的新贡献。

马克思主义告诉我们，要善于从矛盾的角度分析事物，在矛盾体系中善于抓住主要矛盾，在同一事物的矛盾双方中善于抓矛盾的主要方面，从而掌握事物的本质及规律，以便有效地认识和改造世界。习近平新时代中国特色社会主义思想关于"五位一体"的总体布局要求加快发展社会主义市场经济、民主政治、先进文化、和谐社会和生态文明，这充分体现了马克思唯物辩证法全面性特征。社会改革是一个涉及面十分广泛的系统和整体，涉及经济、政治、文化、社会、生态、党建、国防、军队、外交等多个方面，要将这些复杂关系理顺，必须坚持马克思主义"两点论"与"重点论"的辩证统一，变"摸着石头过河"为加强顶层设计。因而要灵活运用马克思主义的方法观察、认识、处理和解决全面深化改革进程中的一系列矛盾和问题，在直面主要矛盾和破解重大问题中推动全面深化改革实践不断发展。习近平新时代中国特色社会主义思想以我国改革开放和社会主义现代化建设的实际问题为中心，坚持把历史、现实、未来贯通起来，强调改革要"扭住关键""突出问题导向"。习近平总书记指出："要注重抓主要矛盾和矛盾的主要方面，注重抓重要领域和关键环节，努力做到全局和局部相配套、治本和治标相结合、渐进和突破相衔接，实现整体推进和重点突破相统一。"①以此为基础，习近平总书记提出了全面深化改革的"六个紧紧围绕"：

① 习近平：《把握全面深化改革的内在规律，坚持正确的方法论》，人民网2014年8月4日。

即"紧紧围绕使市场在资源配置中起决定性作用深化经济体制改革"；"紧紧围绕坚持党的领导、人民当家做主、依法治国有机统一深化政治体制改革"；"紧紧围绕建设社会主义核心价值体系、社会主义文化强国深化文化体制改革"；"紧紧围绕更好保障和改善民生、促进社会公平正义深化社会体制改革"；"紧围绕建设美丽中国深化生态文明体制改革"；和"紧紧紧围绕提高科学执政、民主执政、依法执政水平深化党的建设制度改革"。这"六个紧紧围绕"，抓住了中国社会改革工作的基本规律，为新时代坚持和发展中国特色社会主义提供了科学的理论指导，构成了马克思主义唯物辩证方法在当代中国改革问题上的创造性运用。

其三，强调全面深化改革要让发展成果更多更公平惠及全体人民，开拓了以人为本的马克思主义理论新境界。

2016年4月18日，习近平总书记在主持中央全面深化改革领导小组第二十三次会议时指出："把以人民为中心的发展思想体现在经济社会发展各个环节，做到老百姓关心什么、期盼什么，改革就要抓住什么、推进什么，通过改革给人民群众带来更多获得感。"[1]这是习近平新时代中国特色社会主义思想切实坚持马克思主义人民观的具体体现。马克思主义作为关于人的发展的科学思想理论，其理论指导实践的目的在于为人类谋幸福，在不断推进社会变革中谋求人类解放。马克思主义认为，人民群众是实践的主体，是历史的真正创造者，是推动社会发展的决定性力量，因而推动社会变革的实践必须以满足人生存和发展的需要作为出发点和落脚点。因为社会的发展最终就是为了实现人的全面发展，整个世界历史也正是"人作为人"的历史，离开这个目标，所有发展都会失去价值和意义。在全面深化改革过程中，习近平总书记反复强

---

① 《习近平主持召开中央全面深化改革领导小组第二十三次会议》，《人民日报》2016年4月19日。

调必须着眼创造更加公平正义的社会环境，要坚持和尊重人民群众的实践主体地位，时刻把人民利益放在第一位，切实保障人民群众共享改革发展成果，实现好、维护好、发展好最广大人民根本利益。这些重要论述从根本上回答了改革"依靠谁，为了谁"的问题，突出并升华了马克思主义历史观的主体性原则。全面深化改革要始终坚持尊重和支持人民群众的首创精神，以人民群众的根本利益为改革出发点和落脚点，以实现人的全面自由发展为改革最高准则和根本目标，切实维护最广大人民的根本利益，坚持发展为了人民、发展成果由人民共享。在此基础上，围绕实现社会主义现代化和中华民族伟大复兴这一总任务，带领全国各族人民进行伟大斗争、建设伟大工程、推进伟大事业、实现伟大梦想，切实促进社会公平正义、增进人民福祉，把让人民满意，为人民造福作为检验改革的根本尺度，增强改革的包容性和和普惠性，让改革成果更多更公平地惠及全体人民，做到学有所教、劳有所得、病有所医、老有所养、住有所居，从而使改革得到更广泛的群众支持和社会基础。这些都是在当今中国全面深化改革社会实践中所体现的以人为本的马克思主义理论认知新境界。

二、开辟如何推动发展新境界

习近平新时代中国特色社会主义思想同时也构成了马克思主义发展观在当代中国的最新成果。马克思主义从世界普遍联系和永恒发展的基本观点出发，把社会看作是一个有机联系和发展的整体，认为社会发展是社会基本矛盾运动的结果，生产力是社会发展中的决定性力量，而人的发展是社会发展的核心和最高目标，强调要正确处理社会系统与自然系统的关系，把握其内在的客观规律，处理好生产力和生产关系、经济基础和上层建筑这两对基本矛盾，促进人与自然、人与社会的和谐发展。党的十八大以来，以习近平总书记为核心的党中央坚持用唯物史观研究世情国情党情，立足我国发展仍处于并将长期处于重要战略机遇期，面临诸多矛盾叠加、风险隐患增多的严峻挑战，正确认识和处理我国长期发展积累下来的矛盾，正确把握整体利益和局部利益、长远利益和当前利益、集体利益和个人利益、物质利益和精神利益等各种利益关系，根据当前我国社会主要矛盾已转化为人民日益增长的美好生活需要和不平衡不充分的发展之间的矛盾，做出了中国特色社会主义进入新时代这一重大科学研判，并在此基础上形成了新形势下如何实现全面发展的一套科学发展理论，其中最具代表性的是在党的十八届五中全会上提出的"创新、协调、绿色、开放、共享"五大发展理念。党的十九大对五大发展理念进一步阐释，并把坚持新发展理念作为新时代坚持和发展中国特色社会主义的基本方略之一。

关于创新发展理念，习近平新时代中国特色社会主义思想强调创新对引领发展的重要作用。强调必须将创新摆在国家发展大局的核心位置。马克思主义认为事物是处在不断自我否定、永恒发展变化过程中的，要推动社会发展进步，唯有不断发挥主体能动作用，以创造性的实践活动不断改造世界。因为创新是推动一个国家、一个民族向前发展的重要力量，创新能力如何会直接影响到甚至决定着国家发展的速度、效能和可持续性。在推动事业发展过程中，抓住了创新，就等于是抓住了牵动经济社会协调发展的"牛鼻子"。目前，基于我国经济大而不强、创新能力不强的发展状况，通过创新引领，实施创新驱动发展战略已经成为实现高质量发展的迫切要求。习近平总书记指出："要加快实施创新驱动发展战略，强化现代化经济体系的战略支撑，加强国家创新体系建设，强化战略科技力量，推动科技创新和经济社会发展深度融合，塑造更多依靠创新驱动、更多发挥先发优势的引领型发展。"[①]这就要求我们要以重大科技创新为引领，紧紧围绕经济竞争力的核心关键、社会

---

① 《习近平谈治国理政》第3卷，外文出版社2020年版，第242页。

发展的瓶颈制约、国家安全的重大挑战，全面提高自主创新能力。要瞄准世界科技前沿，强化基础研究，实现前瞻性基础研究、引领性原创成果重大突破；要加强应用基础研究，拓展实施国家重大科技项目，突出关键共性技术、前沿引领技术、现代工程技术、颠覆性技术创新，为建设科技强国、质量强国、航天强国、网络强国、交通强国、数字中国、智慧社会提供有力支撑；要加强国家创新体系建设，强化战略科技力量；要深化科技体制改革，建立以企业为主体、市场为导向、产学研深度融合的技术创新体系，加强对中小企业创新的支持，促进科技成果转化。同时，我们必须看到，实现创新需要进行复杂的社会系统工程，涉及经济社会发展的各个领域和不同方面，因而坚持创新发展理念，就是要培育全面创新意识，不断推进理论创新、制度创新、科技创新、文化创新等各方面创新，在党和国家各方面工作中践行创新思维，让创新在全社会蔚然成风。这是对马克思主义关于科学技术是第一生产力理论的新认识和新发展。

关于协调发展理念，习近平新时代中国特色社会主义思想强调，协调是实现持续健康发展的内在要求。马克思主义认为：世界是普遍联系的整体，任何事物内部各要素之间以及事物之间都存在着相互影响、相互制约和相互作用的关系，这要求我们切实区分主要矛盾与次要矛盾，坚持两点论和重点论相统一，做事情立足全局抓重点，有效统筹促进事物全面进步。习近平总书记指出："在发展中要学会运用辩证法，善于'弹钢琴'，处理好局部和全局、当前和长远、重点和非重点的关系，着力推动区域协调发展、城乡协调发展、物质文明和精神文明协调发展，推动经济建设和国防建设融合发展。"①为此，必须立足于中国特色社会主义事业总体布局，正确处理发展中各方面重要关系，以促进城乡区域协调发展为重点，切实保证经济社会协调发展，实现新型工

---

① 习近平：《深入理解新发展理念》，《求是》2016年第10期。

业化、信息化、城镇化、农业现代化同步发展，在增强国家硬实力的同时也注重国家软实力的提升，不断增强发展的整体性。要针对经济社会中各种不平衡不充分的现状，在着力破解难题、补齐短板的同时，也要切实巩固和厚植原有优势，挖掘发展潜力、增强发展后劲，通过统筹兼顾，推进城乡、区域、经济社会、人与自然统筹发展。这是在发展问题上对马克思主义辩证法思想的具体应用和发展。

关于绿色发展理念，习近平新时代中国特色社会主义思想强调绿色是永续发展的必要条件和人民对美好生活追求的重要体现。马克思主义认为：人是自然的一部分，人与自然之间存在相互影响、相互制约、不可分割的关系。人类在开发大自然、利用大自然，从大自然中获取生产生活所必需的基本资料的同时，还必须尽到保护大自然的义务，不能单纯地为了人类自身的发展去违背自然界规律、破坏生态环境。对此，习近平总书记指出："加快形成绿色发展方式，是解决污染问题的根本之策。只有从源头上使污染物排放大幅降下来，生态环境质量才能明显好上去。重点是调结构、优布局、强产业、全链条。调整经济结构和能源结构，既提升经济发展水平，又降低污染排放负荷。"① 所以，我们必须树立践行绿水青山就是金山银山的理念，坚持节约资源和保护环境的基本国策，坚持可持续发展，坚定走生产发展、生活富裕、生态良好的文明发展道路，加快建设资源节约型、环境友好型社会，形成人与自然和谐发展现代化建设新格局，推进美丽中国建设，为全球生态安全作出新贡献。这是从人与自然和谐共生的视角对马克思主义发展理论作出的新贡献。

关于开放发展理念，习近平新时代中国特色社会主义思想强调改革开放是实现国家繁荣的必由之路。随着生产力水平和科技水平不断提高，世界各民族国家必然会打破原本各自封闭的状态，进入一个相互

---

① 《习近平谈治国理政》第3卷，外文出版社2020年版，第367页。

依存、普遍交往的全新状态，整个世界经济、政治和文化逐步走向一体化，国家、民族的历史最终会转变为整个世界历史。我们改革开放取得成功的重要经验也充分表明：中国离不开世界，世界也离不开中国。走开放发展之路，就是要主动顺应当前经济全球化的历史潮流，以对外开放为导向，运用好经济全球化带来的机遇，参考借鉴人类社会创造的先进科学技术成果和有益管理经验，不断发展壮大自己同时也为世界发展作出自己应有的贡献。习近平总书记指出："各国经济，相通则共进，相闭则各退。"①因此，应当切实顺应中国经济深度融入世界经济的大势所趋，按照互利共赢的基本原则，充分把握"引进来"和"走出去"的关系，有效协调国内外需求，实现进出口动态平衡，实现引资和引技引智并举，切实提高开放型经济水平，更加积极地参与到全球经济治理和公共产品供给当中，实现我国在全球经济治理中制度性话语权的提升，构建更加包容的利益共同体。这是在全球化背景下就如何更好顺应和平、发展、合作、共赢的世界潮流形成对马克思主义发展观的新认识。

关于共享发展理念，习近平新时代中国特色社会主义思想强调必须坚持发展为了人民、发展依靠人民和发展成果由人民共享，其实质就是坚持"以人民为中心"的发展思想。马克思主义是关于人类解放的理论，认为人民群众是历史的创造者，必须依靠人民才能推动历史前进。共享发展理念体现出对马克思主义基本立场和观点的坚持。共享发展理念强调要使全体人民在共建共享发展中有更多获得感，这种共享是人人享有、各得其所，而非少数一部分人所独享，所以能够增强发展动力，增进人民团结，广泛汇聚民智、充分调动民力，形成人人参与、人人尽力、人人都有成就感的干事创业氛围。习近平总书记指出："人民是

① 习近平：《共建创新包容的开放型世界经济——在首届中国国际进口博览会开幕式上的讲话》，《中华人民共和国国务院公报》2018年11月30日。

历史的创造者，是决定党和国家前途命运的根本力量。必须坚持人民主体地位，坚持立党为公、执政为民，践行全心全意为人民服务的根本宗旨，把党的群众路线贯彻到治国理政全部活动之中，把人民对美好生活的向往作为奋斗目标，依靠人民创造历史伟业。"[1]这是从坚持人民主体地位的角度对马克思主义发展观提出的新认识。

三、开辟如何治国理政新境界

习近平新时代中国特色社会主义思想从马克思主义国家建设理论出发，对中国共产党治国理政基本规律进行科学总结，提出了"中华民族伟大复兴中国梦"的总体目标，把马克思主义理论与新时代中国共产党治国理政实际相结合。按照马克思主义经典作家的相关论述，国家是阶级社会中的特殊公共权力。在社会主义社会，国家是工人阶级和最广大人民利益的代表者，也是公共利益的代表者和实现者，必须有序、有效地进行社会政治统治和政治管理，各政府机关按照一定的原则和程序结成有机联系的整体系统，共同运行和协调发生作用，以保证无产阶级人民群众当家做主的意志能够贯彻实行。党的十八大以来，以习近平总书记为核心的党中央在治国理政实践中，面对中国特色社会主义内外环境日趋复杂的基本实际，坚持把马克思主义基本原理同当代中国实际相结合，聆听人民心声、回应现实需要，按照"治国理政要放眼世界，放眼未来"的总体要求，深入总结中国特色社会主义实践经验和世界社会主义发展经验，不断推进理论创新、实践创新、制度创新，把马克思主义国家治理理论的科学思维方式和务实精神融汇贯穿于中国实现国家富强、民族振兴、人民幸福的战略谋划之中，总揽全局、谋篇布局，明确提出治国理政方面一系列战略目标和战略部署，推动马克思主义国家建

---

① 《习近平谈治国理政》第3卷，外文出版社2020年版，第16、17页。

设理论在21世纪中国焕发出强大的生机活力。

首先，习近平新时代中国特色社会主义思想明确指明了当代中国治国理政的总体目标，强调坚持和发展中国特色社会主义，总任务是实现社会主义现代化和中华民族伟大复兴，在全面建成小康社会的基础上，分两步走在本世纪中叶建成富强民主文明和谐美丽的社会主义现代化强国。在此基础上，进一步按照马克思主义唯物辩证法的基本思维，明确了新时代我国社会主要矛盾是人民日益增长的美好生活需要和不平衡不充分的发展之间的矛盾，要求全党全国坚持以人民为中心的发展思想，不断促进人的全面发展、全体人民共同富裕。这一规划视野宏阔，谋划深远，坚持把人民对美好生活的向往作为党的奋斗目标，正确把握和积极顺应中国和世界发展大势，坚持依靠人民创造历史伟业，清晰表明了中国共产党全心全意为人民服务的根本宗旨，生动诠释了新时代中国特色社会主义的根本追求，强调人民是决定党和国家前途命运的根本力量，要求必须在思想上牢固树立人民群众的主体地位，尊重人民群众的首创精神，最大限度地激发人民的创造热情，坚持把人民是否拥护、是否赞成、是否高兴和是否答应作为衡量一切工作得失的根本标准，回答了党领导人民进行奋斗究竟是为了谁这一根本问题。同时，也指明中国共产党治国理政必须坚持走中国特色社会主义道路。既不走封闭僵化的老路，也不走改旗易帜的邪路，切实尊重人民首创精神，把实现、维护和发展好广大人民根本利益作为一切工作的出发点和落脚点，真诚倾听群众呼声，真实反映群众愿望，真情关心群众疾苦，依法保障人民群众的各项权益，始终坚持和发展中国特色社会主义，依靠人民不断推进中国经济和社会向前发展。

其次，习近平新时代中国特色社会主义思想能够做到总揽全局、系统协调，全面构建起新时代中国共产党治国理政的宏观规划和基本方略，明确了中国特色社会主义事业的"五位一体"总体布局和"四个全面"战略布局，勾勒出一幅治国理政的方略图。社会治理是一个复杂的工程，客观上要求在这个过程中必须统筹兼顾，综合考虑各方面因素，把握好解决问题的关联性、整体性、系统性。在明确治国理政总体方略的基础上，习近平总书记进一步提出了"完善和发展中国特色社会主义制度、推进国家治理体系和治理能力现代化"的改革目标、"建设中国特色社会主义法治体系、建设社会主义法治国家"的法治目标、"建设一支听党指挥、能打胜仗、作风优良的人民军队，把人民军队建设成为世界一流军队"的强军目标、"推动构建新型国际关系，推动构建人类命运共同体"的外交目标等。按照一切从实际出发的思想，注重抓大事、抓枢纽、抓关键，从经济发展、社会建设、推进改革、党的建设等不同角度提出了对治国理政过程中遇到各种问题具体的解决方案，有重点、有步骤地推进各项工作，协调推进我国经济社会发展取得全面进步与提升。

再次，习近平新时代中国特色社会主义思想给出了治国理政必须坚持的基本遵循。中国特色社会主义制度和国家治理体系是以马克思主义为指导、植根中国大地、具有深厚的文化根基、深得人民拥护的制度和治理体系，为我国政治稳定、经济发展、文化繁荣、民族团结、人民幸福、社会安宁、国家统一提供了有力保障，所以必须毫不动摇地坚持中国特色社会主义制度。另一方面，中国特色社会主义制度也需要不断发展完善，国家治理体系和治理能力现代化水平更需要不断提高。所以，要发展地而不是静止地、全面地而不是片面地、系统地而不是零散地、普遍联系地而不是孤立地看待治国理政的发展问题。习近平新时代中国特色社会主义思想强调：在治国理政过程中，我们必须增强政治意识、大局意识、核心意识、看齐意识，必须坚定道路自信、理论自信、制度自信、文化自信；要做到坚决维护习近平总书记党中央的核心、全党的核心地位，坚决维护党中央权威和集中统一领导；要把马克思主义理论作为看家本领，坚持和发展战略思维、创新思维、辩证思维、法治思维、底线思维、系统思维等思想方法和工作方法。这些都是从理论与实践的结合上对如何治国理政提出的新认识。

此外，习近平新时代中国特色社会主义思想提出新时代中国治国理政的根本是坚持中国共产党的领导，并强调要切实加强党的自身建设。中国共产党是中国特色社会主义事业的领导核心，始终代表先进生产力的发展要求、先进文化的前进方向和中国最广大人民的根本利益。党的十九大报告明确指出：中国特色社会主义最本质的特征和中国特色社会主义制度的最大优势是中国共产党领导。进入新时代，国际国内局势复杂多变，要更好地发挥党的统揽全局、协调各方的政治领导核心作用，就要切实落实"打铁必须自身硬"的管党治党要求，要整肃党风，重拳反腐，始终保持党的先进性、纯洁性和战斗力。为此，全体共产党员要始终与党中央保持高度一致，不忘初心、牢记使命，始终坚持发展为了人民、发展依靠人民、发展成果由人民共享，要自觉贯彻党的基本理论路线和方针政策。不仅要做到从组织上入党，更要做到从思想上入党，紧密结合我国具体实际，在实践中不断创新工作方法和思路，树立凝聚中国人民戮力同心、奋勇前进的思想之旗，保证党的领导获得全国各族人民高度的政治认同、思想认同、情感认同，保证中国共产党永远成为人民谋幸福、为民族谋复兴的坚实领导。总而言之，习近平新时代中国特色社会主义思想在治国理政思想中开辟了把坚持党的领导贯彻其中的理论新境界。

四、开辟如何治党管党新境界

习近平新时代中国特色社会主义思想立足马克思主义政党观和党在新时代面临的历史使命，提出了"党要管党、从严治党"的基本目标，把"全面从严治党"的理念贯穿于全面深化改革和现代化强国建设始终，和党的建设、党内生活各个方面，开辟了治党管党的新境界。习近平总书记认为："中国特色社会主义进入新时代，我们党一定要有新气象新作为。打铁必须自身硬。党要团结带领人民进行伟大斗争、推进伟大事业、实现伟大梦想，必须毫不动摇坚持和完善党的领导，毫不动摇把党建设得更加坚强有力。"①马克思主义政党观告诉我们：政党是代表一定阶级、阶层的利益和意志，由本阶级中最活跃、最积极的分子组成的，有独立的纲领、路线、策略，为参与或掌握政权而斗争的政治组织。马克思主义政党是社会主义革命与国家建设事业的领导核心。在当代中国，马克思主义政党的性质决定其必须代表最广大人民的根本利益，必须以服务人民群众、为人民群众谋利益作为自己的根本宗旨。但是，马克思主义政党的先进性、纯洁性和战斗力不是与生俱来的，也不是一成不变的，必须在马克思主义指导下，结合本国建设的实际，不断推进党的自身建设，坚定不移推进全面从严治党，切实提高党的执政能力和领导水平。习近平新时代中国特色社会主义思想主要从以下几方面发展和深化了马克思主义政党理论，开辟对管党治党认识的理论新境界：

首先，习近平新时代中国特色社会主义思想明确提出了新时代党的建设总要求。这一总要求是："坚持和加强党的全面领导，坚持党要管党、全面从严治党，以加强党的长期执政能力建设、先进性和纯洁性建设为主线，以党的政治建设为统领，以坚定理想信念宗旨为根基，以调动全党积极性、主动性、创造性为着力点，全面推进党的政治建设、思想建设、组织建设、作风建设、纪律建设，把制度建设贯穿其中，深入推进反腐败斗争，不断提高党的建设质量，把党建设成为始终走在时代前列、人民衷心拥护、勇于自我革命、经得起各种风浪考验、朝气蓬勃的马克思主义执政党。"②习近平总书记指出："一个政党，一个政权，其前途命运取决于人心向背。人民群众反对什么、痛恨什么，

---

① 《习近平谈治国理政》第3卷，外文出版社2020年版，第47、48页。

② 《习近平谈治国理政》第3卷，外文出版社2020年版，第48页。

我们就要坚决防范和纠正什么。全党要清醒认识到，我们党面临的执政环境是复杂的，影响党的先进性、弱化党的纯洁性的因素也是复杂的，党内存在的思想不纯、组织不纯、作风不纯等突出问题尚未得到根本解决。要深刻认识党面临的执政考验、改革开放考验、市场经济考验、外部环境考验的长期性和复杂性，深刻认识党面临的精神懈怠危险、能力不足危险、脱离群众危险、消极腐败危险的尖锐性和严峻性，坚持问题导向，保持战略定力，推动全面从严治党向纵深发展。"①这其中所强调的"全面从严治党永远在路上""毫不动摇把党建设得更加坚强有力""推动全面从严治党向纵深发展"等，就是对新时代如何管党治党提出的新认识并形成的新自觉。

其次，习近平新时代中国特色社会主义思想明确提出了党的政治建设是党的根本性建设。党的建设是一项长期而复杂的系统工程，如何体现以党的政治建设为统领？习近平总书记反复强调：旗帜鲜明讲政治是我们党作为马克思主义政党的根本要求，要把党的政治建设摆在首位。在党的十九大报告中，习近平总书记明确指出："党的政治建设是党的根本性建设，决定党的建设方向和效果。保证全党服从中央，坚持党中央权威和集中统一领导，是党的政治建设的首要任务。全党要坚定执行党的政治路线，严格遵守政治纪律和政治规矩，在政治立场、政治方向、政治原则、政治道路上同党中央保持高度一致。要尊崇党章，严格执行新形势下党内政治生活若干准则，增强党内政治生活的政治性、时代性、原则性、战斗性，自觉抵制商品交换原则对党内生活的侵蚀，营造风清气正的良好政治生态。"②在党的政治建设中，"全党同志特别是高级干部要加强党性锻炼，不断提高政治觉悟和政治能力，把对党忠诚、为党分忧、为党尽职、为民造福作为根本政治担当，永葆共产党

---

① 《习近平谈治国理政》第3卷，外文出版社2020年版，第48页。

② 《习近平谈治国理政》第3卷，外文出版社2020年版，第48、49页。

人政治本色"①。这既是对新时代如何抓好党的政治建设给出的行动指南，也是在新的历史条件下对如何加强马克思主义政党建设提出的新认识，丰富和发展了马克思主义的政党建设理论。

此外，习近平新时代中国特色社会主义思想明确提出了新时代如何管党治党的基本途径和重要抓手。管党治党不是空喊的口号，而是必须落实的举措，所以要有途径和抓手。习近平总书记强调，要从用新时代中国特色社会主义思想武装全党、建设高素质专业化干部队伍、加强党的基层组织建设、持之以恒正风肃纪、夺取反腐败斗争压倒性胜利、健全党和国家监督体系、全面增强执政本领等方面展开对加强党的建设工作进行了全面布置。在具体党建措施方面，提出弘扬马克思主义学风、推进"两学一做"学习教育常态化制度化、开展"不忘初心、牢记使命"主题教育、坚持"三会一课"制度、继续整治"四风"问题、运用监督执纪"四种形态"、建设覆盖纪检监察系统的检举举报平台、建立巡视巡察上下联动的监督网、深化国家监察体制改革、创新群众工作体制机制等多项新方法、新举措，要求全体党员干部用科学理论武装头脑，把雷厉风行和久久为功有机结合起来，勇于攻坚克难，以钉钉子精神做实做细做好各项工作。还提出要增强驾驭风险本领，健全各方面风险防控机制，善于处理各种复杂矛盾，勇于战胜前进道路上的各种艰难险阻，牢牢把握工作主动权；在优化政治生态、改进党的作风的同时，还要有效增强党的创造力、凝聚力和战斗力，以推动全面从严治党取得新的更大成效。这些都是从具体实践的维度对如何把管党治党落到实处提出行之有效的对策举措，体现出当代中国马克思主义理论联系实际的鲜明特色。

（执笔人：李大毅）

---

① 《习近平谈治国理政》第3卷，外文出版社2020年版，第49页。

第五章
迈向全面建设现代化国家新征程

"新发展阶段就是全面建设社会主义现代化国家、向第二个百年奋斗目标进军的阶段。进入新发展阶段，是中华民族伟大复兴历史进程的大跨越。构建以国内大循环为主体、国内国际双循环相互促进的新发展格局，是根据我国发展阶段、环境、条件变化，特别是基于我国比较优势变化，审时度势作出的重大决策，是事关全局的系统性、深层次变革，是立足当前、着眼长远的战略谋划。"

——习近平：《在中共十九届五中全会第二次全体会议上的讲话》（2020年10月29日）

【本章阅读导引】

党的十九大对新时代推进社会主义现代化建设、实现第二个百年奋斗目标作出了分两步走的战略安排：在2020年全面建成小康社会、实现第一个百年奋斗目标的基础上，再奋斗15年，到2035年基本实现社会主义现代化；从2035年到本世纪中叶，在基本实现现代化的基础上，再奋斗15年，到2050年把我国建成富强民主文明和谐美丽的社会主义现代化强国。

开启全面建设社会主义现代化国家新征程，我们必须坚持和加强党的全面领导，坚持党的基本理论、基本路线、基本方略，牢固树立"四个意识"，做到三个"一以贯之"，坚定实施"七大战略"，建设现代化经济体系，加快构建新发展格局，推动高质量发展，推进科技自立自强，保证人民当家作主，坚持依法治国，坚持社会主义核心价值体系，坚持人与自然和谐共生，协同推进人民富裕、国家强盛、中国美丽。

开启全面建成社会主义现代化国家新征程，要牢固树立以人民为中心的发展思想，把"全体人民共同富裕取得更为明显的实质性进展"作为红线贯穿于全过程。坚持一切为了人民、一切依靠人民，顺应人民对美好生活的向往，使改革发展成果更多更公平惠及全体人民，不断增强人民群众的获得感、幸福感和安全感，让全体中国人民共同对建设社会主义现代化强国、实现中华民族伟大复兴充满必胜的信心和希望。

【学习领会】

一、牢固树立"四个意识"

政治意识、大局意识、核心意识、看齐意识，是习近平总书记在2016年1月29日中共中央政治局会议上提出的执政理念。党的十八届六中全会通过的《关于新形势下党内政治生活的若干准则》明确强调：全党必须牢固树立"四个意识"，自觉在思想上政治上行动上同党中央保持高度一致。在新的历史条件下，增强政治意识、大局意识、核心意识、看齐意识，是我们加强党的建设、坚持党中央集中统一领导、增强党的团结统一、形成全党的向心力、凝聚力和战斗力的重大举措。习近平总书记指出："党的十八大以来，党中央鲜明强调'四个意识'、'两个维护'，提出一系列明确要求，取得的效果是非常明显的。正因为全党上下团结一心、步调一致，我们解决了许多长期想解决而没有解决的难题，办成了许多过去想办而没有办成的大事，消除了党和国家内部存在的严重隐患，推动党和国家事业取得历史性成就、发生历史性变革。"[1]

政治意识是党员干部在政治信仰、政治立场、政治方向、政治原

---

① 《中共中央政治局召开民主生活会强调　树牢"四个意识"坚定"四个自信"坚决做到"两个维护"勇于担当作为　以求真务实作风把党中央决策部署落到实处》，《人民日报》2018年12月27日。

则上必须具有的正确认知，要善于从政治上看问题，善于把握政治大局，不断提高政治判断力、政治领悟力、政治执行力。增强政治意识是中国共产党的优良传统，也是马克思主义政党的特有优势，加强党的领导、全面从严治党必须把增强政治意识放在首位。当前，树立和增强政治意识就是"始终不能忘记中国共产党是中国工人阶级的先锋队，同时是中国人民和中华民族的先锋队；始终不能忘记全心全意为人民服务的根本宗旨；始终不能忘记共产主义的远大理想和中国特色社会主义的共同理想；坚持党的政治地位，始终确保党是中国特色社会主义的坚强领导核心；严格遵守党的政治纪律和政治规矩，始终把党章作为全党必须共同遵循的根本大法和总规矩，把党的各种规章制度作为自己的行为规范和规则"①。增强政治意识是合格党员的重要标准，全体党员要强化党的意识，牢记自己的第一身份是党员，在日常生活和社会实践中能够坚持正确的政治方向，保持政治清醒和政治定力，增强政治敏锐性、政治鉴别力和政治执行力，对党忠诚，严守党的政治纪律和政治规矩，在重大问题和关键问题上，站稳立场，明辨是非，勇于担当，敢于亮剑，始终在思想上、政治上、行动上同党中央保持高度一致，做政治上的明白人。

大局意识是谋事、看问题的思考方式，它强调要从战略高度来思考、定位、观察问题，从整体、长远出发对事态进行综合研判、考量和谋划。习近平总书记多次从当前国内外形势、认识论、方法论角度阐述了什么是大局意识，怎样认识和服从大局，为全党进一步增强大局意识指明了方向。如，"各级领导干部要自觉站在党和国家大局上想问题、办事情，把党中央精神和本地区本部门实际有机结合起来，

---

① 金民卿：《深刻领会增强"四个意识"的内涵和意义》，《先锋》2016年第8期。

把党中央大政方针不折不扣落实到位"①。作为党员干部具有大局意识就是要自觉站在党和国家发展的高度去思考问题、解决问题，以党和国家的事业为重，以人民利益为重，做到正确认识大局、自觉服从大局、坚决维护大局，毫不动摇地贯彻落实中央的决策部署，自觉维护党中央听权威，确保党中央政令畅通。在具体实践中，要树立高度自觉的大局意识，把工作放到大局中去思考、定位，要善于处理眼前与长远、局部和整体、个人和集体的关系，超越个人主义、本位主义，坚决服从组织决定。

核心意识是基于对党领导核心地位的认知而在党员干部身上体现出的思想和行为自觉。办好中国的事情，关键在党，中国特色社会主义最本质的特征是中国共产党的领导，中国特色社会主义制度的最大优势是中国共产党的领导。党政军民学，东西南北中，党是领导一切的。党的集中统一领导是党的力量所在，在我们这样的大国、大党，一定要有一个坚强有力的领导核心，这样才能更好凝聚全党的智慧，凝聚全国人民的智慧，确保中国特色社会主义事业不断向前发展。当代中国树立核心意识有三重含义："第一重含义，中国共产是领导中国特色社会主义事业的核心力量。第二重含义，中共中央委员会，特别是中央政治局和中央政治局常委会，是对全党实行集中统一领导的核心。第三重含义，即领导层中的核心。"②一个国家、一个政党，领导核心至关重要。确立和维护无产阶级政党的领导核心，始终是马克思主义建党学说的一个基本观点。党的十八届六中全会正式确立了习近平总书记在党中央的核心、全党的核心地位，党的十九大将其写入党章。当前，树立和增强核心意识就是要坚决拥护以习近平同志为核心的党中央，维护党中央权

---

① 习近平：《论坚持党对一切工作的领导》，中央文献出版社2019年版，第174、175页。

② 施芝鸿：《"核心意识"的三重含义》，《北京日报》2016年3月21日。

威、维护党的团结和集中统一领导，同以习近平同志为总书记的党中央保持高度一致。维护党中央权威是关系党和国家、民族前途命运的原则问题，党员干部一定要充分认识维护核心、坚持党的集中统一领导的极端重要性。全党必须坚决维护以习近平同志为核心的党中央的绝对权威，统一服从党中央的决策部署，做到政治上坚决维护、组织上自觉服从、行动上始终紧跟。

看齐意识是基于思想认同和纪律要求而在党员身上体现的与党中央保持一致的行为自觉，是马克思主义政党先进性的重要体现和思想统一、意志统一、纪律统一、行动统一的基本要求。在2015年12月全国党校工作会议上，习近平总书记首次提出"要强化看齐意识"。在随后召开的中央政治局民主生活会上再次强调中央政治局的同志必须有很强的看齐意识，经常、主动向党中央看齐，向党的理论和路线方针政策看齐。树立和增强看齐意识，就是党的各级组织、全体党员特别是高级干部都要向党中央看齐，向党的理论和路线方针政策看齐，"一切听从党中央的指挥，一切服从党中央的安排，坚决贯彻党中央的部署，坚决执行党中央的决定，自觉维护党中央的权威，自觉团结在党中央的周围，切实同党中央在思想上政治上行动上保持高度一致"。①全体党员要自觉主动地以高标准严格要求自己，做到党中央提倡的坚决响应，党中央决定的坚决执行，党中央禁止的坚决杜绝。"看齐还要敢于和善于同各种错误思想和行为进行坚决的斗争，真正做到对党忠诚，为党分忧，为党担责，为党尽责，突出重点抓好落实党中央部署的各项工作。"②

"四个意识"是一个相互联系的有机整体，总的目标在于加强党中

---

① 厉佛灯：《增强看齐意识》，《求是》2016年第9期。

② 金民卿：《深刻领会增强"四个意识"的内涵和意义》，《先锋》2016年第8期。

央集中统一领导，建立强有力的中央权威。其中，政治意识是关乎"立场"的意识，保证全党的政治立场和政治方向，大局意识是关乎"整体"的意识，保证局部和整体的协调统一，核心意识是关乎"权威"的意识，保证领导力量的权威，看齐意识是关乎"目标"的意识，是四个意识的落脚点，保证队伍的整齐划一。增强"四个意识"是在新的历史起点上坚持和发展中国特色社会主义的必然要求，是解决突出问题、确保党的先进性纯洁性的必然选择，是全面从严治党、严肃党内政治生活的重大举措。广大党员干部要不断强化这四种意识，自觉在思想上政治上行动上同党中央保持高度一致，进一步增强我们党的凝聚力和战斗力，发挥好党作为中国特色社会主义事业坚强领导核心的作用。

二、做到三个"一以贯之"

2018年1月5日，习近平总书记在新进中央委员会的委员、候补委员和省部级主要领导干部学习贯彻习近平新时代中国特色社会主义思想和党的十九大精神研讨班开班式上发表重要讲话中首次提出三个"一以贯之"。三个"一以贯之"，是指坚持和发展中国特色社会主义要一以贯之，推进党的建设新的伟大工程要一以贯之，增强忧患意识、防范风险挑战要一以贯之。三个"一以贯之"是对党的十八大以来我国改革发展稳定、内政外交国防、治党治国治军各方面实践和创新的深刻总结，对党在新时代统揽伟大斗争、伟大工程、伟大事业、伟大梦想，决胜全面建成小康社会、开启全面建设社会主义现代化国家新征程的科学指引。

（一）坚持和发展中国特色社会主义要一以贯之

中国特色社会主义来之不易，是中国共产党带领中国人民在艰辛的探索中取得的宝贵成果，中国特色社会主义的理论和实践是对科学社会主义、马克思主义的新发展，对世界社会主义事业发展的意义重大。党的十八大以来，以习近平为核心的党中央，根据国内外形势的变化，从理论和实践上系统回答了新时代坚持和发展什么样的中国特色社会主义、怎样坚持和发展中国特色社会主义，形成了马克思主义理论中国化的最成果——习近平新时代中国特色社会主义思想，这是全党全国人民为实现中华民族伟大复兴而共同奋斗的行动指南，必须长期坚持并不断发展。习近平总书记指出："新时代中国特色社会主义是我们党领导人民进行伟大社会革命的成果，也是我们党领导人民进行伟大社会革命的继续，必须一以贯之进行下去。"①

坚持把中国特色社会主义一以贯之进行下去，要始终把坚持和发展中国特色社会主义作为理论和实践的主题，把习近平新时代中国特色社会主义思想作为凝聚全党全国各族人民的共同思想基础，把建设社会主义现代化强国、实现中华民族伟大复兴作为党的各项工作的主线，既不走封闭僵化的老路，也不走改旗易帜的邪路，坚持党的领导，坚持改革开放，促进社会公平正义，增强人民群众获得感，推进基础性关键性领域改革取得实质性成果，将改革开放这场伟大的社会革命进行到底，为中国特色社会主义续写新篇章。

（二）推进党的建设新的伟大工程要一以贯之

习近平总书记指出："要把新时代坚持和发展中国特色社会主义这场伟大社会革命进行好，我们党必须勇于进行自我革命，把党建设得更加坚强有力。"②中国的历史和现状决定了中国共产党是最高政治领导力量，党政军民学，东西南北中，党是领导一切的。中国特色社会主

① 习近平：《以时不我待只争朝夕的精神投入工作 开创新时代中国特色社会主义事业新局面》，《人民日报》2018年1月6日。

② 《习近平谈治国理政》第3卷，外文出版社2020年版，第515页。

义最本质的特征是中国共产党的领导，中国特色社会主义制度的最大优势是中国共产党的领导。在统揽伟大斗争、伟大工程、伟大事业、伟大梦想中，起决定性作用的是新时代党的建设新的伟大工程。而我们党之所以能够引领中国道路、领导全中国人民不断创造社会主义事业的新局面，正是因为中国共产党是勇于自我革命的党，始终从严管党治党，是我们党最鲜明的政治品格。

在新时代，一以贯之地推进党的建设新的伟大工程，既是我们党领导人民进行伟大社会革命的客观要求，也是我们党作为马克思主义政党建设和发展的内在需要。正如习近平总书记所强调："我们党必须以党的自我革命来推动党领导人民进行的伟大社会革命，把党建设成为始终走在时代前列、人民衷心拥护、勇于自我革命、经得起各种风浪考验、朝气蓬勃的马克思主义执政党。"[1]党和国家、民族、人民是紧密联系在一起的，搞好党的自我革命不仅关系党的前途命运，而且关系国家和民族的前途命运。中国共产党只有始终保持崇高的革命理想和旺盛的革命斗志，不忘初心、牢记使命，不断增强自我净化、自我完善、自我革新、自我提高的能力，把才能永远立于不败之地，把新时代中国特色社会主义伟大事业不断推向前进。

新时代推进党的建设新的伟大工程，既要培元固本，也要开拓创新，既要把住关键重点，也要形成整体态势。要坚持思想建党和制度治党相统一，坚持使命引领和问题导向相统一，坚持抓"关键少数"和管"绝大多数"相统一，坚持行使权力和担当责任相统一，坚持严格管理和关心信任相统一，坚持党内监督和群众监督相统一。要做到领导带头、以身作则、以上率下，打造一支信念过硬、政治过硬、责任过硬、

---

① 《习近平在学习贯彻党的十九大精神研讨班开班式上发表重要讲话强调　以时不待我只争朝夕的精神投入工作　开创新时代中国特色社会主义事业新局面》，《人民日报》2018年1月6日。

能力过硬、作风过硬的党员干部队伍。

（三）增强忧患意识、防范风险挑战要一以贯之

我们党诞生于民族危难时刻，危机意识与生俱来，忧患意识贯穿党的全部奋斗历程。改革开放以来，我国的经济社会建设都取得举世瞩目的成就，但中华民族伟大复兴绝不是轻轻松松就能实现的，前进的道路上我们还会面临各种风险挑战，如果处理不好、处理不当都会对我国发展进程产生重大冲击和干扰。习近平总书记强调："'备豫不虞，为国常道'。当前，我国正处于一个大有可为的历史机遇期，发展形势总的是好的，但前进道路不可能一帆风顺，越是取得成绩的时候，越是要有如履薄冰的谨慎，越是要有居安思危的忧患，绝不能犯战略性、颠覆性错误。"①党的十九大报告提出，决胜全面建成小康社会，必须打赢三大攻坚战，其中一项重要内容就是防范化解重大风险。必须清醒看到，当前我国建设和发展中还存在许多不足，也面临不少困难和挑战。主要是：发展不平衡不充分的一些突出问题尚未解决，科技创新能力不够强，实体经济发展水平不高，生态环境保护任重道远；民生领域还有不少短板，城乡区域发展和收入分配差距依然较大，群众在就业、教育、医疗、居住、养老等方面面临不少难题；社会文明水平尚需提高；国家治理体系和治理能力有待加强；意识形态领域斗争依然复杂，国家安全面临新形势；党的建设方面还存在不少薄弱环节。这些问题都在考验着中国共产党应对的能力和智慧，各级党员领导干部必须不断增强忧患意识，坚持守土有责，守土尽责，充分做好防范和化解各种重大风险的各项准备。

---

① 《习近平在学习贯彻党的十九大精神研讨班开班式上发表重要讲话强调　以时不待我只争朝夕的精神投入工作　开创新时代中国特色社会主义事业新局面》，《人民日报》2018年1月6日。

防范化解风险的重点是要防控那些可能迟滞或中断中华民族伟大复兴进程的全局性风险。2019年1月，在坚持底线思维着力防范化解重大风险专题研讨班开班式上，习近平总书记着重就防范化解政治、意识形态、经济、科技、社会、外部环境、党的建设等领域重大风险作出深刻分析、提出明确要求，强调"既要有防范风险的先手，也要有应对和化解风险挑战的高招；既要打好防范和抵御风险的有准备之战，也要打好化险为夷、转危为机的战略主动战"①。这些重要论述，为我们防范化解重大风险指明了方向，提供了思路。各级政府和领导干部要有底线思维，建立健全风险研判机制、决策评估机制，完善风险防控机制，科学预见风险挑战，提高化解风险能力，为保持经济社会持续健康发展、夺取新时代中国特色社会主义伟大胜利提供坚强保障。

坚持和发展中国特色社会主义一以贯之，明确了我们在新时代要坚持走的道路和方向；推进党的建设新的伟大工程一以贯之，明确了我们在新时代全面建设社会主义建设强国的政治保证；增强忧患意识、防范风险挑战一以贯之，明确了我们在新时代必须把握的底线思维和工作方法。三个"一以贯之"的精髓要义，就是要在中国特色社会主义新时代，不断推进党领导的伟大社会革命和伟大自我革命，开创社会主义建设新局面，书写中国人民伟大奋斗的新篇章。

三、坚定实施"七大战略"

党的十九大报告提出，要"紧扣我国社会主要矛盾变化，统筹推进经济建设、政治建设、文化建设、社会建设、生态文明建设，坚定实施科教兴国战略、人才强国战略、创新驱动发展战略、乡村振兴战略、区

---

① 《习近平谈治国理政》第三卷，外文出版社2020年6月版，第220页。

域协调发展战略、可持续发展战略、军民融合发展战略"①。七大战略是党在全面认识和把握我国发展阶段特征基础上，从党和国家事业发展全局作出的重大战略决策，是新时代推进中国特色社会主义伟大事业，激发全社会创造力和发展活力的重要抓手。

（一）大力实施科教兴国战略

科教兴国战略的基本内涵是：在"科学技术是第一生产力"的思想指导下，"坚持教育为本，把科技和教育摆在经济、社会发展的重要位置，增强国家的科技实力和科学技术向现实生产力转化的能力，提高科技对经济的贡献率，提高全民族的科技文化素质，把经济建设转移到依靠科技进步和提高劳动者素质的轨道上来，加速实现国家的繁荣昌盛"②。习近平总书记指出，"科教兴国已成为中国的基本国策。我们将秉持科技是第一生产力、人才是第一资源的理念，兼收并蓄，吸取国际先进经验，推进教育改革，提高教育质量，培养更多、更高素质的人才，同时为各类人才发挥作用、施展才华提供更加广阔的天地"③。

实施"科教兴国"战略，主要做好下几方面工作：一是重视科技创新。科技创新是科教兴国的动力，全党全社会要把科技创新摆在经济社会发展的关键地位。科研要瞄准世界科技前沿，强化基础研究，实现前瞻性研究、引领性原创成果重大突破。二是要加大科研创新投入。拓展实施国家重大科技项目，加大对关键共性技术、前沿引领技术、现代工程技术颠覆性技术创新的投入。三是提高科研工作者待遇，培养造就一大批具有国际水平的战略科技人才、科技领军人才、青年科技人才和

① 《习近平谈治国理政》第3卷，外文出版社2020年版，第22页。

② 《科教兴国战略》，《光明日报》2019年10月31日。

③ 李玉滑：《向科教强国大步迈进》，《光明日报》2019年3月11日。

高水平创新团队。四是要深化科技和教育体制改革。加强国家创新体系建设，促进产学研深度融合，尽快形成以企业为主体、市场为导向的技术创新体系。优先发展教育，推进城乡义务教导一体化教育，完善职业教育和培训系统，加速一流大学和一流学科扶植，支持社会力量创办教育，增强师德师风。五是要营造有利科技创新的社会环境。大力倡导创新文化，营造尊重知识、尊重人才、鼓励创新、宽容失败、公平竞争的社会环境和社会风气，加大知识产权保护力度。

（二）大力实施人才强国战略

人才强国战略首次提出是在2002年，中共中央国务院下发了《2002—2005年全国人才队伍建设规划纲要》，提出了"实施人才强国战略"。党的十九大报告把"人才强国战略"作为全面建成小康社会的七大战略之一，提出要实行更加积极、更加开放、更加有效的人才政策，以识才的慧眼、爱才的诚意、用才的胆识、容才的雅量、聚才的良方，把党内和党外、国内和国外各方面优秀人才聚集到党和人民的伟大奋斗中来。党的十九届五中全会通过的《建议》，作出深入实施人才强国战略，建成人才强国重大战略部署，这是未来一个时期我国人才事业发展的新目标，对推进新时代中国特色社会主义现代化建设事业意义深远。

实施人才强国战略是实现"两个一百年"奋斗目标和中华民族伟大复兴中国梦最牢固的依靠、最有力的支撑。习近平总书记指出，人才是实现民族振兴、赢得国际竞争主动的战略资源。20世纪90年代以来，新一轮科技革命和产业变革蓬勃兴起，催生出一系列颠覆性科学技术和重大产业变革，创造出越来越多的新产品、新需求、新业态，深刻影响着国际战略力量对比和世界经济格局变化。应对世界科技革命和产业变革的挑战，最重要的战略资源就是人才。只有造就和汇聚一大批高端人才，才能在世界新一轮科技革命和产业变革中占据制高点、掌握主动权。实施人才强国战略也是破解我国发展难题的必由之路。我国发展中不平衡、不协调、不可持续问题依然突出，人口、资源、环境面临的挑战仍然严峻。有效应对这些问题和挑战，离不开科技进步和科学管理，离不开创新驱动发展，归根结底还是要靠人才。

当前，我国实施人才强国战略过程中还存在一些亟需解决的突出问题，如制约人才发展的体制机制障碍尚未完全消除，人才发展环境还需要进一步改善，领军人才较为稀缺，人才队伍结构不够科学合理等。实施人才强国战略，要坚持党管人才原则，聚天下英才而用之；应坚持问题导向，推动人才发展体制机制改革向纵深发展，构建更为科学高效的人才管理体制；要不断完善人才评价、激励机制，建立健全科学的人才分类评价和激励机制；不断提高公共服务水平，优化人才发展环境；优化人才队伍结构，实行更加积极、公平、开放的人才政策，使各类人才的创新创造活力都能得到充分的发挥。

（三）大力实施创新驱动发展战略

党的十九大报告把加快建设创新型国家纳入建设现代化经济体系的组成部分，并强调创新是建设现代化经济体系的战略支撑，标志着创新驱动作为一项基本国策，将发挥越来越显著的战略支撑作用。实施创新驱动发展战略，对加快实现经济发展方式从数量型向质量效益型转变、改善生态环境、建设美丽中国具有积极意义。习近平总书记指出，实施创新驱动发展战略，最根本的是要增强自主创新能力、最紧迫的是要破除体制机制障碍，最重要的就是要坚定不移走中国特色自主创新道路。

党的十九大报告从四大方面提出了实施创新驱动发展战略、加快建设创新型国家的具体举措：一是瞄准世界科技前沿、具有前瞻性、引领性的基础研究科技创新；二是旨在转化现实生产力、推动经济迈向全球价值链中高端的应用基础研究科技创新；三是有利于调动创新积极性、促进科技成果转化的科技体制机制创新；四是培养创新人才和创新团队的科技人才队伍建设。

（四）大力实施乡村振兴战略

乡村振兴战略是全面建设社会主义现代化强国的一项重大战略任务，也是以习近平同志为核心的党中央对"三农"工作做出的一个新的战略部署和新的要求。实施乡村振兴战略，要坚持农业农村优先发展，按照"产业兴旺、生态宜居、乡风文明、治理有效、生活富裕"的总要求，建立健全城乡融合发展体制机制和政策体系，加快推进农业农村现代化。

相对于我国以往农村农业发展思路，乡村振兴战略有很多的创新点。在农村发展上，乡村振兴战略提出建立健全城乡融合发展体制机制和政策体系，加快推进农业农村现代化。在农业发展思路上，提出了构建现代农业产业体系、生产体系、经营体系、健全农业社会化服务体系的"四个体系"建设。在农民增收思路上，提出促进农村一、二、三产业融合发展，支持和鼓励农民就业创业，拓宽增收渠道。在农村基层治理上，提出加强农村基层基础工作，强调治理的重心在基层、在基础工作上，并对智力的目标体系做出了要求，即健全自治、法治、德治相结合的乡村治理体系。在农村人才培养方面，提出了三个培养目标，培养造就一支懂农业、爱农村、爱农民的"三农"工作队伍。

（五）大力实施区域协调发展战略

党的十八大以来，党中央高度重视区域协调发展，作出了一系列决策部署，形成了"三+四"的区域发展总体格局，以"一带一路"建设、京津冀协同发展、长江经济带发展"三大战略"为引领，统筹推进西部大开发、东北振兴、中部崛起和东部率先四大板块发展，不断创新区域发展政策，发挥各地区比较优势，深化各类型区域合作，完善区域合作体制机制，推动区域协同发展。党的十九大报告中对区域协调发展赋予新的历史使命，明确提出实施区域协调发展战略，建立更加有效的区域协调发展新机制。

党的十九大报告对区域协调发展作出了新的战略部署，主要内容包括：一是将老少边穷地区的发展摆在重要位置，加大力度支持革命老区、民族地区、边疆地区、贫困地区加快发展；二是强化举措推进西部大开发形成新格局，深化改革加快东北等老工业基地振兴，发挥优势推动中部地区崛起；三是突出城市群在推进新型城镇化中的主体地位，创新引领率先实现东部地区优化发展，建立更加有效的区域协调发展新机制；四是以城市群为主体构建大中小城市和小城镇协调发展的城镇格局，加快农业转移人口市民化；五是以疏解北京非首都功能为"牛鼻子"推动京津冀协同发展，高起点规划、高标准建设雄安新区；六是以共抓大保护、不搞大开发为导向推动长江经济带发展；七是支持资源型地区经济转型发展；八是加快边疆发展，确保边疆巩固、边境安全；九是坚持陆海统筹，加快建设海洋强国。

（六）大力实施可持续发展战略

可持续发展战略的目标是发展，核心是可持续，强调经济发展和环境保护是相互联系密不可分的，在经济和社会的发展中，必须把发展同人口、资源、环境统筹考虑，不仅要安排好当前的发展，还要为未来的发展创造更好的条件，决不能走浪费资源和先污染后治理的发展道路，更不能吃祖宗饭、断子孙的生路。可持续发展战略，是指实现可持续发展的行动计划和纲领，是国家在多个领域实现可持续发展的总称，它要使各方面的发展目标尤其是社会、经济与生态、环境的目标相协调。

实施可持续发展战略的基本要求：一是坚持"创新、协调、绿色、开放、共享"五大发展理念，依据生态环境宜居性和承载力来合理确定人口与产业布局，在遵循自然规律基础上实现经济社会发展和人的全面进步，促进经济优势、人文优势与生态优势相互转化，保障生产发展、生活富裕与生态良好的有机统一。二是坚持节约优先、保护优先、自然恢复为主的方针，按照绿色发展、循环发展和低碳发展的思路，形成人与自然和谐共生的现代化城乡发展新格局。当前，实施可持续发展战略的主要任务是：治理环境污染、应对战略性自然资源短缺、提升人口素质和提高经济发展质量。为此，必须着力加强环境污染防治、开发利用新资源和可再生资源、积极应对人口数量与素质问题、推进产业结构优化升级。

（七）大力实施军民融合发展战略

党的十九大把军民融合发展上升为国家战略，是党中央从国家发展和安全全局出发作出的重大决策，是在全面建成小康社会进程中实现富国和强军相统一的必由之路，是应对复杂安全威胁、赢得国家战略优势的重大举措。习近平总书记指出，军民融合是国家战略，关乎国家发展和安全全局，既是兴国之举，又是强军之策。深入贯彻军民融合发展战略，更好把国防和军队建设融入国家经济社会发展体系，是统一富国和强军两大目标，统筹发展和安全两件大事，统合经济和国防两种实力，促进国家发展、保障国家安全的可靠支撑。

军民融合战略在奋斗目标上，提出要加快形成全要素、多领域、高效益的军民融合深度发展格局，构建军民一体化的国家战略体系和能力；在总体要求上，强调贯彻落实总体国家安全观和新形势下军事战略方针，坚持党的领导、强化国家主导、注重融合共享、发挥市场作用、深化改革创新，着力在"统"字上下功夫，在"融"字上做文章，在"新"字上求突破，在"深"字上见实效；在实现途径上，指出要向军民融合发展重点领域聚焦用力，以点带面推动整体水平提升，从需求侧、供给侧同步发力，强化大局意识、改革创新、战略规划、法治保障。军民融合发展战略是中国共产党人在领导中国革命、建设和改革过程中不懈探索的理论创新成果，是党领导打赢革命战争和取得社会主义现代化建设伟大成就的基本经验，是对经济建设和国防建设协调发展规律认识的重大升华。

四、建设现代化经济体系

习近平总书记指出："建设现代化经济体系，这是党中央从党和国家事业全局出发，着眼于实现'两个一百年'奋斗目标、顺应中国特色社会主义进入新时代的新要求作出的重大决策部署。"[1]建设现代化经济体系是建设社会主义现代化强国的必然要求和必由之路。

（一）建设现代化经济体系重大意义

"现代化经济体系是由社会经济活动的各个环节、各个层面、各个领域构成的，能够较好满足现代需要的有机统一整体。它既是一个目标，也是一个不断变革的过程。从我国来看，现代化经济体系就是能够很好地满足人民日益增长的美好生活需要的经济体系，是充分体现新发展理念的经济体系。"[2]建设现代化经济体系是关系到我国能否抓住新一轮世界科技革命和产业变革机遇、赢得国际竞争主动，关系到能否顺利实现"两个一百年"奋斗目标，对于解决新时代我国社会主要矛盾、建设社会主义现代化强国具有十分重要的战略意义。

首先，建设现代化经济体系是推动实现经济高质量发展的必然要求。改革开放以来，我国经济实现了连续40多年高速度增长，取得了举

---

① 《习近平谈治国理政》第3卷，外文出版社2020年版，第240页。

② 王昌林：《现代化经济体系的内涵、目标与主要任务》，《时事资料手册》2018年第3期。

世瞩目的成就。当前，我国经济社会发展进入了新阶段，也遇到了许多新情况、新问题，面临着新挑战。如资源能源和生态环境的制约使过去的粗放型增长模式不可持续，以简单劳动密集型产业为主的产品在当代全球价值链和产业链中处于中低端，重点产业核心技术受制于人，关键元器件、零部件、原材料严重依赖进口，面临"卡脖子"风险。这些新情况、新挑战迫切要求整个国民经济从高速增长转向高质量发展。经济高质量发展需要以质量变革、效率变革、动力变革为前提，建设现代化经济体系正是实现这"三大变革"的基础、支撑和重要手段。

其次，建设现代化经济体系是不断满足人民美好生活需要的迫切要求。长期以来，我国社会主要矛盾是人民日益增长的物质文化需要同落后的社会生产之间的矛盾。中国特色社会主义进入新时代，我国社会主要矛盾已经转化为人民日益增长的美好生活需要和不平衡不充分的发展之间的矛盾。解决这一矛盾，必须坚持创新、协调、绿色、开放、共享的发展理念，统筹推进"五位一体"总体布局，协调推进"四个全面"战略布局，推动城乡、区域、经济社会协调发展，处理好经济发展和环境保护的关系，实现国内发展和对外开放良性互动。这正是持续推进现代化经济体系建设的题中应有之义。

再次，建设现代化经济体系是提升国际竞争力的必由之路。"当今的国际经济竞争已由传统的发挥比较优势的进出口竞争，转化为利用核心技术和先进管理扩大对外投资，提升资源整合能力的竞争。而资源整合能力的提升又必须通过提升价值链、优化供应链、完善产业链来实现。"①我国现在总体上还处在全球产业链、价值链的中低端，科技创新能力、人力资源质量同发达国家的差距还相当大。这就要求我国经济必须不断提升技术创新优势和质量优势，加快建设制造强国，大力发展

① 周绍朋：《强国之路：建设现代化经济体系》，《国家行政学院学报》2018年第5期。

现代服务业，瞄准国际标准提高水平，促进我国产业迈向全球价值链中高端。建设现代化经济体系，是实现产业升级、跟上世界科技、经济现代化潮流的必由之路。

（二）建设现代化经济体系的目标任务

习近平总书记在2018年中共中央政治局第三次集体学习时，对如何建设现代经济体系作了全面部署，就目标任务提出了非常具体的要求："要建设创新引领、协同发展的产业体系，实现实体经济、科技创新、现代金融、人力资源协同发展，使科技创新在实体经济发展中的贡献份额不断提高，现代金融服务实体经济的能力不断增强，人力资源支撑实体经济发展的作用不断优化。要建设统一开放、竞争有序的市场体系，实现市场准入畅通、市场开放有序、市场竞争充分、市场秩序规范，加快形成企业自主经营公平竞争、消费者自由选择自主消费、商品和要素自由流动平等交换的现代市场体系。要建设体现效率、促进公平的收入分配体系，实现收入分配合理、社会公平正义、全体人民共同富裕，推进基本公共服务均等化，逐步缩小收入分配差距。要建设彰显优势、协调联动的城乡区域发展体系，实现区域良性互动、城乡融合发展、陆海统筹整体优化，培育和发挥区域比较优势，加强区域优势互补，塑造区域协调发展新格局。要建设资源节约、环境友好的绿色发展体系，实现绿色循环低碳发展、人与自然和谐共生，牢固树立和践行绿水青山就是金山银山理念，形成人与自然和谐发展现代化建设新格局。要建设多元平衡、安全高效的全面开放体系，发展更高层次开放型经济，推动开放朝着优化结构、拓展深度、提高效益方向转变。要建设充分发挥市场作用、更好发挥政府作用的经济体制，实现市场机制有效、微观主体有活力、宏观调控有度。"[1]

---

[1] 《习近平谈治国理政》第3卷，外文出版社2020年版，第241页。

（三）建设现代化经济体系的重要举措

习近平总书记指出："现代化经济体系，是由社会经济活动各个环节、各个层面、各个领域的相互关系和内在联系构成的一个有机整体。"[①]因此，建设现代化经济体系需要一体建设、一体推进。

一要"大力发展实体经济，筑牢现代化经济体系的坚实基础。实体经济是一国经济的立身之本，是财富创造的根本源泉，是国家强盛的重要支柱"[②]。要深化供给侧结构性改革，把提高供给体系质量作为主攻方向，显著增强我国经济质量优势。加快发展先进制造业，推动互联网、大数据、人工智能同实体经济深度融合，支持传统产业优化升级，加快发展现代服务业，促进我国产业迈向全球价值链中高端，培育若干世界级先进制造业集群。加强水利、铁路、公路、水运、航空、管道、电网、信息、物流等基础设施网络建设。坚持去产能、去库存、去杠杆、降成本、补短板，优化存量资源配置，扩大优质增量供给，实现供需动态平衡。推动资源要素向实体经济集聚、政策措施向实体经济倾斜、工作力量向实体经济加强，营造脚踏实地、勤劳创业、实业致富的发展环境和社会氛围。激发和保护企业家精神，鼓励更多社会主体投身创新创业。建设知识型、技能型、创新型劳动者大军，弘扬劳模精神和工匠精神，营造劳动光荣的社会风尚和精益求精的敬业风气。

二要加快实施创新驱动发展战略，强化现代化经济体系的战略支撑。创新是引领发展的第一动力。要瞄准世界科技前沿，强化基础研究，实现前瞻性基础研究、引领性原创成果重大突破。加强国家创新体系建设，深化科技体制改革，建立以企业为主体、市场为导向、产学研深度融合的技术创新体系，加强对中小企业创新的支持，促进科技成果

---

① 《习近平谈治国理政》第3卷，外文出版社2020年版，第240、241页。

② 《习近平谈治国理政》第3卷，外文出版社2020年版，第242页。

转化。注重创新生态建设，倡导创新文化，强化知识产权保护，培养造就一大批具有国际水平的战略科技人才、科技领军人才、青年科技人才和高水平创新团队。

三要加快完善社会主义市场经济体制。要深化经济体制改革，完善现代化经济体系的制度保障，加快完善社会主义市场经济体制，坚决破除各方面体制机制弊端，激发全社会创新创业活力。经济体制改革必须以完善产权制度和要素市场化配置为重点，实现产权有效激励、要素自由流动、价格反应灵活、竞争公平有序、企业优胜劣汰。要完善各类国有资产管理体制，促进国有资产保值增值，有效防止国有资产流失。深化国有企业改革，发展混合所有制经济，培育具有全球竞争力的世界一流企业。全面实施市场准入负面清单制度，清理废除妨碍统一市场和公平竞争的各种规定和做法，支持民营企业发展，激发各类市场主体活力。深化商事制度改革，打破行政性垄断，防止市场垄断，加快要素价格市场化改革，放宽服务业准入限制，完善市场监管体制。

四要"积极推动城乡区域协调发展，优化现代化经济体系的空间布局"①。推进区域协调发展战略，逐步缩小城乡区域发展差距，重点抓好"三大区域""四大板块"建设。"三大区域"，即积极推进京津冀协同发展、长江经济带发展和粤港澳大湾区发展；"四大板块"，即协调推进西部大开发、东北等老工业基地振兴、中部地区崛起、东部地区率先发展。同时，大力支持老少边穷地区等发展。大力实施乡村振兴战略，推进农业供给侧结构性改革，全面深化农村改革。②

五要推动形成全面开放新格局。加快现代化经济体系建设，必须坚持对外开放的基本国策，贯彻落实开放发展理念，主动参与和推动经

---

① 《习近平谈治国理政》第3卷，外文出版社2020年版，第242页。

② 王昌林：《现代化经济体系的内涵、目标与主要任务》，《时事资料手册》2018年第3期。

济全球化进程，发展更高层次的开放型经济，全面提升对外开放水平，着力建设多元平衡、安全高效的全面开放体系，加快形成全面开放新格局，提高现代化经济体系的国际竞争力，更好利用全球资源和市场。体现在开放措施上，要"以'一带一路'建设为重点，优化区域开放布局，加大西部开放力度，形成沿海内陆分工协作、互动发展，东西双向互济的开放格局。要加快实施自由贸易区战略，大幅放宽市场准入，进一步放开一般制造业，有序扩大服务业对外开放，扩大金融业双向开放，促进基础设施互联互通"。①

五、加快构建新发展格局

2020年4月，习近平总书记根据国际局势发展的新变化和新特点，提出要构建以国内大循环为主体、国内国际双循环相互促进的新发展格局。党的十九届五中全会对构建新发展格局提出明确要求并进行全面部署，认为"十四五"时期推动高质量发展，必须立足新发展阶段、贯彻新发展理念、构建新发展格局。这是开启全面建设社会主义现代化国家新征程，实现第二个百年奋斗目标的战略新布局，对于应对百年未有之大变局，抓住和用好重要战略机遇期，"在危机中育先机、于变局中开新局"具有十分重要的意义。

当前，世界正经历百年未有之大变局，国际环境日趋复杂，不稳定性不确定性明显增加。经济全球化遭遇逆流，部分发达经济体实施贸易保护政策，推动建立排他性保护性较强的区域贸易协定，全球产业链供应链已经呈现出本地化、区域化、分散化的逆全球化趋势；新一轮科技革命和产业变革深入发展，各国抢占新一轮科技制高点的竞争更趋激

---

① 中共中央党校（国家行政学院）编著：《习近平新时代中国特色社会主义思想基本问题》，人民出版社、中共中央党校出版社2020年版，第185页。

烈；传统与非传统安全风险交织蔓延。以上这些因素使中国产业链供应链的安全和地位都受到了极大挑战。应对这些挑战，中国必须积极转变发展方式，加快构建国内大循环为主体、国内国际双循环相互促进新发展格局。正如习近平总书记所指出："构建新发展格局，是与时俱进提升我国经济发展水平的战略抉择，也是塑造我国国际经济合作和竞争新优势的战略抉择。"①

众所周知，改革开放以来特别是加入世贸组织后，我国加入国际大循环，市场和资源"两头在外"，形成"世界工厂"发展模式，对我国快速提升经济实力、改善人民生活发挥了重要作用。然而，近年来经济全球化遭遇逆流，一些主要国家政策内顾倾向上升，国际经济循环格局发生深度调整，市场和资源两头在外的国际大循环动能明显减弱。因此，加快构建新发展格局，使生产、分配、流通、消费更多依托国内市场，是准确识变、科学应变、主动求变，重塑我国国际合作和竞争新优势的战略抉择。

（一）要持续推动更深层次改革，破除制度障碍

习近平总书记指出："全面深化改革同贯彻新发展理念、构建新发展格局紧密关联，要完整、准确、全面贯彻新发展理念，扭住构建新发展格局目标任务，更加精准地出台改革方案，推动改革向更深层次挺进，发挥全面深化改革在构建新发展格局中的关键作用。"②要继续完善社会主义市场经济体制，处理好政府和市场的关系，使市场在资源配

---

① 《中共中央关于制定国民经济和社会发展第十四个五年规划和二〇三五年远景目标的建议》，人民出版社2020年版，第52页。

② 《习近平主持召开中央全面深化改革委员会第十八次会议强调　完整准确全面贯彻新发展理念　发挥改革在构建新发展格局中关键作用》，《人民日报》2021年2月20日。

置中起决定性作用，更好发挥政府作用；要实施扩大内需战略同深化供给侧结构性改革有机结合起来，加快培育完整的内需体系，建设现代流通体系、打通堵点，补齐短板，贯通生产、分配、流通、消费各环节，形成国民经济良性循环，建设全国统一大市场；要深化土地制度、户籍制度改革，建立健全巩固拓展脱贫攻坚成果同乡村振兴有效衔接机制，健全再分配调节机制，扎实推动共同富裕，构建扩大内需的坚实基础。

（二）要实行高水平对外开放，畅通国内国际双循环

习近平总书记指出："新发展格局决不是封闭的国内循环，而是开放的国内国际双循环。"[①]实行高水平对外开放，开拓合作共赢新局面，是推动形成新发展格局的客观要求。扩大内需和扩大开放并不矛盾，内需体系越完整、国内循环越顺畅，越能形成对全球资源要素的引力场，与时俱进提升我国经济发展水平；越有利于发挥我国比较优势，在更深层次上融入全球供应链产业链，形成参与国际竞争和合作新优势。加快构建新发展格局，要用好国内国际两个市场、两种资源，促进国内国际大循环的良性互动。要实施更大范围、更宽领域、更深层次对外开放，促进国际合作，开拓互利共赢新局面。"要围绕实行高水平对外开放深化改革，深化商品、服务、资金、人才等要素流动型开放，稳步推进规则、规制、管理、标准等制度建设，完善市场准入和监管、产权保护、信用体系等方面的法律制度，加快营造市场化、法治化、国际化的营商环境，推动建设更高水平开放型经济新体制。"[②]

① 《中共中央关于制定国民经济和社会发展第十四个五年规划和二〇三五年远景目标的建议》，人民出版社2020年版，第53页。

② 《习近平主持召开中央全面深化改革委员会第十八次会议强调　完整准确全面贯彻新发展理念　发挥改革在构建新发展格局中关键作用》，《人民日报》2021年2月20日。

（三）要推动城乡区域协调发展，促进城乡经济大循环

推动城乡区域协调发展，是主动适应我国经济发展阶段变化、应对和化解风险挑战、加快构建新发展格局的战略举措。从城乡协调发展来看，就是要改变传统的城乡分工格局，让劳动力、技术、资金甚至土地（指标）在城乡间顺畅流动，形成更为多样化的组合和搭配方式，让城乡居民的生产行为和消费行为真正融为一体，打造城乡经济大循环。从区域协调发展来看，当前，我国存在较为严重的区域发展不平衡问题，影响了我国经济持续稳定发展，是构建新发展格局的一个障碍。解决这一问题，就是要坚定实施区域重大战略、区域协调发展战略，健全区域协调发展机制，形成优势互补、高质量发展的区域经济布局。要把区域协调发展战略同共建"一带一路"、自由贸易试验区、自由贸易港等外向型政策衔接起来，把京津冀、粤港澳大湾区、长三角区域一体化战略不断深入推进。

（四）要大力推动绿色低碳发展，促进人与自然和谐共生

加快构建新发展格局，必须尊重自然、顺应自然、保护自然，大力推进生态文明建设，促进国内大循环的绿色低碳发展。要"深入推进生态文明体制改革，健全自然资源资产产权制度和法律法规，完善资源价格形成机制，建立健全绿色低碳循环发展的经济体系，统筹制定2030年前碳排放达峰行动方案，使发展建立在高效利用资源、严格保护生态环境、有效控制温室气体排放的基础上，推动我国绿色发展迈上新台阶"[1]。协同推动经济高质量发展和生态环境高水平保护，全面开展蓝

---

① 《习近平主持召开中央全面深化改革委员会第十八次会议强调　完整准确全面贯彻新发展理念　发挥改革在构建新发展格局中关键作用》，《人民日报》2021年2月20日。

天、碧水、净土保卫战，坚决打赢污染防治攻坚战。要持续改善环境质量，深入开展污染防治行动，全面提升环境基础设施水平，完善能源消费总量和强度双控制度。促进发展方式绿色转型，坚决遏制高耗能、高排放项目盲目发展，推进重点行业和重要领域绿色化改造。此外，要全面推进资源高效利用，加快构建废旧物资循环利用体系，推动垃圾资源化利用和无害化处置。

（五）要不断增强人民群众的获得感幸福感安全感

加快构建新发展格局，必须坚持以人民为中心的发展思想，加强普惠性、基础性、兜底性民生建设，让发展成果更多更公平惠及全体人民。只有持续改善民生，新发展格局才能具有强大动力。在社会保障制度建设方面，提高公共服务质量和水平，加快补齐基本公共服务短板，继续实施就业优先战略，加快建设更加公平、全覆盖全民、统筹城乡、可持续多层次的社会保障体系。补齐农村及落后地区医疗卫生、养老服务等民生短板，建立统一的城乡居民基本养老、基本医疗保险制度，切实保障群众基本生活，改善群众消费预期，助力畅通国内大循环；在促进教育平等方面，加快城乡义务教育一体化发展，促进教育平等，增加农村教育投入。在社会分配方面，优化收入分配格局，健全各类生产要素由市场评价贡献、按贡献决定报酬的机制，提高劳动报酬在初次分配中的比重，完善再分配调节体系，要把促进全体人民共同富裕摆在更加重要位置，通过开展示范区建设，探索扎实推动共同富裕的有效途径。

（六）要统筹发展安全两件大事，强化国家经济安全保障

构建新发展格局，必须要科学统筹发展和安全，既要推动经济发展，又要维系经济安全，办好发展和安全两件大事，实现经济发展和经济安全互为条件、彼此支撑。这是构建新发展格局的重要前提和保障，也是畅通国内大循环的题中应有之义。在工作中，必须增强忧患意识、

坚持底线思维，随时准备应对更加复杂困难的局面：一要保障粮食安全，抓住耕地和种子两个关键，严守18亿亩耕地红线，实施黑土地保护工程，推进现代种业提升工程，开展种源"卡脖子"技术攻关，深化粮食等重要农产品收储制度改革，确保谷物基本自给、口粮绝对安全；二要保障能源安全，完善能源产供储销体系，优化能源结构，增强能源持续稳定供应和风险管控能力；三要保障产业链供应链安全，大力优化提升产业链供应链，打好关键核心技术攻坚战，构建自主可控、安全高效的产业链供应链，增强产业体系抗冲击能力；四要保障财政金融安全，积极参与配合做好稳妥防范化解财政、金融、房地产等重点领域安全风险隐患，坚决守住不发生系统性风险的底线；五要加强"一带一路"建设风险防控。

（执笔人：刘杰）

第六章

培根铸魂建设社会主义文化强国

"文化是一个国家、一个民族的灵魂。文化兴国运兴，文化强民族强。没有高度的文化自信，没有文化的繁荣兴盛，就没有中华民族伟大复兴。要坚持中国特色社会主义文化发展道路，激发全民族文化创新创造活力，建设社会主义文化强国。"

　　——习近平：《决胜全面建成小康社会，夺取新时代中国特色社会主义伟大胜利——在中国共产党第十九次全国代表大会上的报告》（2017年10月18日）

【本章阅读导引】

　　文化是民族生存和发展的思想灵魂和重要力量。中华民族之所以能够在几千年的历史长河中生生不息、薪火相传、顽强发展，很重要的一个原因就是中华民族有一脉相承的精神追求、精神特质、精神脉络。人民有信仰，国家有力量，民族有希望。进入新时代，我们必须坚定文化自信，大力推动社会主义文化繁荣兴盛，建设社会主义文化强国，为开启全面建设社会主义现代化国家新征程、实现中华民族伟大复兴的中国梦提供坚强思想保证和强大精神力量。

　　中国特色社会主义文化源自于中华民族五千多年文明历史所孕育的中华优秀传统文化，熔铸于党领导人民在革命、建设、改革中创造的革命文化和社会主义先进文化，植根于中国特色社会主义伟大实践。坚定文化自信，建设社会主义文化强国，必须以马克思主义为指导，坚守中华文化立场，立足当代中国现实，结合当今时代条件，发展面向现代化、面向世界、面向未来的，民族的、科学的、大众的社会主义文化，推动社会主义精神文明和物质文明协调发展。

　　进入新时代，我们要自觉承担起举旗帜、聚民心、育新人、兴文化、展形象的使命任务，立足民族精神的根基，恪守自强不息与厚德载物之志，坚守天下兴亡匹夫有责的家国情怀，促进满足人民文化需求和增强人民精神力量相统一，大力弘扬以爱国主义为核心的民族精神和以改革创新为核心的时代精神，为建设社会主义文化强国培根铸魂。

一、上下五千年中华文明灿烂辉煌

中华文明源远流长、灿烂辉煌。在5000多年文明发展中孕育的中华优秀传统文化，积淀着中华民族最深沉的精神追求，代表着中华民族独特的精神标识。习近平总书记指出："中华优秀传统文化是中华民族的精神命脉，是涵养社会主义核心价值观的重要源泉，也是我们在世界文化激荡中站稳脚跟的坚实根基。"①中华优秀传统文化是中华民族生生不息、发展壮大的丰厚滋养，是中国特色社会主义植根的文化沃土，是当代中国发展的突出优势，对延续和发展中华文明、促进人类文明进步，发挥着重要作用。上下五千年中华文明，灿烂辉煌，悠久深邃，光照四邻；上下五千年中华文明，是一篇宏大壮丽的叙事史诗，影响深远。

第一，就时间跨度而言，上下五千年中华文明源远流长，在历史长河里的绵延传承，至今不断流。

中华文明的特点是永续传承，从未间断。我们常说的四大古代文明，古代埃及、古代美索不达米亚、古代印度和古代中国。在四大古代文明中，古代埃及、古代美索不达米亚、古代印度三大文明要么被其他民族征服、要么成为废墟、要么烟消云散，唯独中国的文明从起源一直

① 习近平：《在文艺工作座谈会上的讲话》，《人民日报》2015年10月15日。

绵延至今，且从未断流。

古埃及，位于非洲东北部尼罗河中下游地区。古埃及文明形成于公元前4000年左右，古埃及前王朝开始于公元前3100年左右时美尼斯统一上下埃及建立第一王朝，先后六次被外族入侵，最后终止于公元前30年罗马征服埃及托勒密王朝。古代巴比伦文明，是在平原上建立了当时世界上少有的几个城市，流传最早的史诗、神话、药典、农人历书等，孕育了璀璨夺目的巴比伦文化，是西方文明的摇篮之一，因此有"空中花园"之美誉，但后来成为了废墟。古印度文明遗址首先是在印度哈拉巴地区发掘出来的，所以通常称为"哈拉巴文化"。哈拉巴文化的年代约为公元前2300年至前1750年，历史上被几个种族入侵，比如波斯帝国和亚历山大的希腊帝国，阿拉伯帝国也曾侵占过印度，也正是因为这些外族的入侵殖民，古印度文化丢失，成为了现在的印度。

中国作为世界四大文明古国之一，在距今7000年前的新石器时代中期，黄河中游一带生活着一群黄土地的儿女。他们在那里开始了中国最早的旱作农业，中华文明的航船从此扬起风帆。公元前2070年，中国历史上第一个王朝——夏王朝建立。继起的商朝是中国历史上第一个有文字记载的朝代。以后周人代商而拥有天下。春秋战国是中国历史大动荡、大变革时期，社会经济迅速发展，诸子争辩、百家争鸣。公元前221年秦始皇统一六国，建立了中国历史上第一个统一的多民族的封建专制主义中央集权国家，把所辖疆域泛称为"中国"。以后经历两汉、魏晋、南北朝、隋、唐、五代十国、两宋、元、明、清等古代王朝一直延续至今。朝代无论怎样更迭，"中国"的专称从未改变过，中华文明的血脉从未中断过。

第二，就发展水平而言，上下五千年中华文明创造了中华文明史上最为光辉灿烂的华章，抵达世界文明史上前所未有的高度和巅峰。

习近平总书记在全国宣传思想工作会议上指出："中华优秀传统

文化是中华民族的文化根脉，其蕴含的思想观念、人文精神、道德规范，不仅是我们中国人思想和精神的内核，对解决人类问题也有重要价值。"①

历史上的中国"鹤立鸡群"于世界长达1500年之久。从秦汉直到晚清2100多年，中国的经济规模一直是世界第一，直到19世纪中叶的鸦片战争之前，中国的经济规模仍然是世界上最大的。当时西方国家中最富强的英国销往中国的商品总值，尚不足以抵消中国卖给英国的茶叶一项，更无需提丝绸和陶瓷了；全世界50万以上人口的大城市当时共有10个，中国就占了6个。英国著名经济史专家安格斯·麦迪森曾计算过，1820年中国国内生产总值占当时世界经济总量的三分之一。

中华文明历史悠久，从先秦子学、两汉经学、魏晋玄学，到隋唐佛学、儒释道合流、宋明理学，经历了数个学术思想繁荣时期。在漫漫历史长河中，中华民族产生了儒、释、道、墨、名、法、阴阳、农、杂、兵等各家学说，涌现了老子、孔子、庄子、孟子、荀子、韩非子、董仲舒、王充、何晏、王弼、韩愈、周敦颐、程颢、程颐、朱熹、陆九渊、王守仁、李贽、黄宗羲、顾炎武、王夫之、康有为、梁启超、孙中山、鲁迅等一大批思想大家，留下了浩如烟海的文化遗产。中国古代大量鸿篇巨制中包含着丰富的哲学社会科学内容、治国理政智慧，为古人认识世界、改造世界提供了重要依据，也为中华文明提供了重要内容，为人类文明作出了重大贡献。②

中华民族的文学历史悠久且独具风格。诗歌是中国文学中最早产生的艺术形式之一，《诗经》是最早的一部诗歌总集，汇聚了中国古代先

① 《习近平谈治国理政》第3卷，外文出版社2020年版，第314页。

② 习近平：《在哲学社会科学工作座谈会上的讲话》，《人民日报》2016年5月19日。

民的智慧结晶。屈原的《离骚》和《孔雀东南飞》等分别是楚辞和乐府诗的代表作。汉赋辞藻华美，颇有磅礴之势，代表人物有贾谊和司马相如等。唐诗宋词是中国文学史最为灿烂的一章，李白、杜甫、李商隐、杜牧、辛弃疾、陆游等是那个时代的标识。元明戏曲中，关汉卿的《窦娥冤》、王实甫的《西厢记》、汤显祖的《牡丹亭》都是不朽之作。明清小说盛行，中国古代四大名著就产生于此。这些都是中国文学宝库中的璀璨明珠。

中华文明绵延数千年，有其独特的价值体系。中华文化强调"民为邦本""天人合一""和而不同"；强调"天行健，君子以自强不息""大道之行也，天下为公"；强调"天下兴亡，匹夫有责"；主张以德治国、以文化人；强调"君子喻于义""君子坦荡荡""君子义以为质"；强调"言必信，行必果""人而无信，不知其可也"；强调"德不孤，必有邻""仁者爱人""与人为善""己所不欲，勿施于人""出入相友，守望相助""老吾老以及人之老，幼吾幼以及人之幼""扶贫济困""不患寡而患不均"；等等。像这样的思想和理念，不论过去和现在，都有其鲜明的民族特色，都有其永不褪色的时代价值。①

中国古代的科学技术一直走在世界的前列。天文方面，春秋时期就留下了世界上有关于哈雷彗星最早的记录，这一记录比西方早600多年；张衡发明制作的地动仪，可以遥测千里以外地震发生的方向，比欧洲早1700多年；唐代一行和尚的关于子午线的测度，比西方早1000年；元代郭守敬主持编定《授时历》，一年的周期与现行公历基本相同，比西方早800年。数学方面，汉代《九章算术》是当时世界上最先进的应用数学，它的出现标志中国古代数学形成了完整的体

---

① 《习近平谈治国理政》第1卷，外文出版社2018年版，第170、171页。

系；《周髀算经》证明我国古代数学家独立地发现并应用了勾股定理的一般情形，比西方早600年；南北朝数学家祖冲之圆周率精确到小数点后13位，比西方早1000年。医学方面，东汉末年的名医华佗，擅长外科手术，被人誉为"神医"，发明的麻沸散，比西方早1600多年；明朝李时珍《本草纲目》，记载药物1800多种，方剂10000多个，全面总结了16世纪以前的中国医药学，被誉为"东方医药巨典"。中国古代的科技成就遍布于各个领域，都处于当时的世界领先地位。

第三，就影响范围而言，上下五千年的中华文明艳惊四座、光照四邻、影响深远。

首先，中国疆域版图特别辽阔。自秦朝统一之后，历经汉、唐、宋、元、明、清至中华民国，中国的疆域版图不断扩展壮大。清康熙年间设立台湾府（辖钓鱼岛），使古代中国的疆域版图最后定格为：北至萨彦岭、额尔古纳河、外兴安岭，南至南海诸岛，西至巴尔喀什湖、帕米尔高原，东至萨哈林岛（库页岛），面积共约1300万平方公里。清帝国中央政府对各地的管辖权和控制力达到了封建社会的最大值。当代中国的领土范围就是以清王朝17世纪中叶至19世纪中叶的疆域版图为基础确定的。

其次，中外交流频繁，中华文明泽被深远。公元前139年，汉武帝派遣张骞出使西域，正式贯通了中原至西域的通道。公元73年，班超前往西域，之后甘英奉命出使大秦（罗马帝国），由此打通了由西域至条支（在今伊朗一带）和安息（西亚古国，领有伊朗高原及两河流域），并抵达波斯湾沿岸的道路。与此同时，海上丝绸之路也开始出现。西汉中叶，汉武帝遣使远航，到达锡兰（今斯里兰卡），成为海上丝绸之路的发端。古代丝绸之路开创性地打通了东西方大通道，首次构建起世界交通线路大网络。丝绸之路是古代东西方商贸往来的生命线，通过丝绸之路，我国的丝绸、茶叶、瓷器、漆器等商品源源不断输出到沿线国家；来自中亚、西亚以及欧洲的珠宝、药材、香料以及葡萄、胡麻、胡桃、胡萝卜、胡瓜等各类农作物络绎不绝进入我国。作为中国古代文明的重要标志的四大发明——指南针、造纸术、火药、活字印刷术，就是通过丝绸之路传向世界各地的。四大发明的西传对整个人类社会，特别对西方文明的发展起了重要的促进作用。习近平总书记指出："在长期演化过程中，中华文明从与其他文明的交流中获得了丰富营养，也为人类文明进步作出了重要贡献。丝绸之路的开辟，遣隋遣唐使大批来华，法显、玄奘西行取经，郑和七下远洋，等等，都是中外文明交流互鉴的生动事例。"①

最后，中华文明对世界文明的贡献巨大，中华文化圈影响深远。据《世界自然科学大事年表》记载，16世纪以前，影响人类生活的重大科技发明约有300项，其中175项是中国人发明的，贡献率达到50%以上。正是这些重大的发明（包括发现），使中国的农耕、纺织、冶金、手工制造技术长期处于世界先进水平。中国的政治制度先进，多样化的封建文化达到了空前的大发展、大繁荣，世界各地来中国留学、取经学习的人摩肩接踵。至隋唐时期，中华文化圈已经形成。这个文化圈的共同特点是：（1）以儒学为核心的中国文化为基础，形成一种独特的文化取向和思维方式；（2）接受和传播中国式的佛教文化；（3）以中国的政治制度和社会模型为社会运行的基本机制；（4）接受或吸收汉语的文字范式而创造出本国或本地区的语言文字。中华文化圈的出现，对世界文化格局产生了深远影响。

公元600年，日本首次派遣隋使到中国，实地考察和研究中国文化。公元645年，日本又推出全面引进和效仿唐朝文物典章制度的"大化革新"，同时19次派遣唐使到中国学习。有的遣唐使为了深入研修

---

① 习近平：《在纪念孔子诞辰2565周年国际学术研讨会暨国际儒学联合会第五届会员大会开幕会上的讲话》，《人民日报》2014年9月25日。

中国典籍，可以留下来学习三五年不等，人们习惯上称他们是"留学生"。中国的"留学生"一词即由此产生，一直沿用到了今天。到公元9世纪左右，日本基本上具备了中国文化的雏形，并以此为基础发展日本的民族文化。

汉代以后和魏晋南北朝时期，中国和朝鲜半岛交流频繁，直至隋唐达到了高潮，中国文化逐步变成了朝鲜民族文化发展的根基。概括地说，朝鲜的语言文字、意识形态、社会制度、生活习俗等都以中国文化为本位。据有关专家研究，越南的语言词汇当中，几乎有一半源于中国，中国的方块字曾是越南的官方文字，长达一千多年。

在5000多年文明发展进程中，中华民族创造了博大精深的灿烂文化。中华文明延续着中华民族的精神血脉，既需要薪火相传、代代守护，更需要与时俱进、推陈出新。要推动中华文明创造性转化、创新性发展，激活其生命力，让中华文明同各国人民创造的多彩文明一道，为人类发展提供正确的精神指引。正如习近平总书记所说："我们不仅要让世界知道'舌尖上的中国'，还要让世界知道'学术中的中国'、'理论中的中国'、'哲学社会科学中的中国'，让世界知道'发展中的中国'、'开放中的中国'、'为人类文明作贡献的中国'。"[①]

二、恪守自强不息与厚德载物之志

自古以来，中华民族就以"天下大同""协和万邦"的宽广胸怀，自信而又大度地开展同域外民族交往和文化交流，曾经谱写了万里驼铃万里波的浩浩丝路长歌，也曾经创造了万国衣冠会长安的盛唐气象。正

---

① 《习近平谈治国理政》第2卷，外文出版社2017年版，第340页。

是这种"天行健，君子以自强不息""地势坤，君子以厚德载物"的变革和开放精神，使中华文明成为人类历史上唯一一个绵延5000多年至今未曾中断的灿烂文明。①

1914年11月5日，著名学者梁启超先生在清华大学（当时称"清华学校"）做了一场题为《君子》的演讲，提出以《周易》中的"天行健，君子以自强不息""地势坤，君子以厚德载物"作为衡量君子的基本条件和标准。后来，清华大学将"自强不息""厚德载物"作为校训，影响了一代又一代的莘莘学子。曾在清华大学任教的著名哲学家张岱年先生曾多次强调，"自强不息，厚德载物"在铸造中华民族的民族精神上，起了决定性的作用，是"中华民族精神的主要内容"，是"中华民族最重要的民族精神"，是中华民族历史上"一个一贯的文化精神"，是"中国文化传统的基本精神""中国文化的基本精神或中国文化发展革新的内在契机"②。"自强不息"和"厚德载物"不仅是对中华民族素质和精神人格的集中凝练，更是对中华民族优秀传统文化的精辟概括和传承。今天，这八个字已成为人们耳熟能详的励志名言。

何谓自强不息？"自强"就是指通过不断努力进行自我超越，从而变强大。"不息"是"生生不息，永不停止"之义。"自强不息"可以理解为永远努力向上，绝不停止，这句话表现一种奋斗拼搏的精神，表现了一种生命力，不向恶势力屈服。③古人说："天行健，君子以自强不息。"这是古圣先贤在天与人关系上的感悟和觉醒，体现出中华民族

---

① 习近平：《在庆祝改革开放40周年大会上的讲话》，《人民日报》2018年12月19日。

② 杨建营、王家宏：《中国文化的基本精神"自强不息，厚德载物"及其现实价值》，《苏州大学学报（哲学社会科学版）》2015年第2期。

③ 迟成勇：《自强不息 厚德载物——国学大师张岱年的民族精神观的解读》，《南京工业大学学报(社会科学版)》2006年第1期。

的大智大慧。这一思想认为：大自然永远处于川流不息、变动不居的运动变化过程之中，这是其充满勃勃生机的客观规律；君子应当遵循或效法大自然这种刚健强大的规律，保持奋力拼搏、积极进取的品格，才能让自己有坚不可摧的强大，不断战胜困难去实现自己的人生目标。"自强不息"所表现的是永远努力进取、绝不半途而废的刚健有为精神、奋斗拼搏精神，是自立之本，是道法自然之意，是从生物属性中提炼出来的开拓进取精神。

自强不息始终充盈着谦冲自牧的自我修养和慎终敬始、居安思危的忧患意识。《否卦十二》九五："其亡其亡，系于苞桑。"①《系辞下传》对此作了深刻的阐释："危者，安其位者也；亡者，保其存者也；乱者，有其治者也。是故君子安而不忘危，存而不忘亡，治而不忘乱，是以身安而国家可保也。"②危险的，由于过去平安的处在他的位子（忘记危险）。灭亡的，由于过去保持他的存在（忘记灭亡）。变乱的，由于过去有他的治理（忘掉变乱）。所以，君子平安时不忘掉危险，存在时不忘掉灭亡，治理时不忘掉变乱，因此只有居安思危，自身安全，国家才能够保全。君子当处于顺境中时，不要得意忘形、贪图享受，要依然保持高昂的斗志，以忧患之心思忧患之故，否则极易陷入困顿窘境而束手无策。

自强不息始终内含着革故鼎新的改革气魄和与时俱进的创新精神。《杂卦》曰："革，去故也。鼎，取新也。"③革就是改革，即革除过时的、不适应新形势的陈腐事物和思想；鼎就是更新，即树立一种适应新形势的观念。《系辞下传》曰："穷则变，变则通，通则久。"④在

---

① 周振甫：《周易译注》，中华书局2005年版，第51页。

② 周振甫：《周易译注》，中华书局2005年版，第263页。

③ 周振甫：《周易译注》，中华书局2005年版，第300页。

④ 周振甫：《周易译注》，中华书局2005年版，第257页。

沧海桑田、日新月异的社会变迁和变化过程中，只有突破旧有惯性，革故鼎新，才能推陈出新，推动事物持续向前发展。正所谓"苟日新，日日新，又日新"。无论一个人、一个组织、一个国家，都不能沉湎于现状、拘泥于现状，为旧事物、旧习俗所限制所圈囿，不敢越雷池半步，必须敢于突破，打破常规，打破惯例，因时而动，因势而动，顺应时代发展潮流，顺应社会发展规律，与时俱进，开拓创新，总结新经验、学习新知识、增长新本领，用新经验新知识新本领推陈出新，谱写新篇章。

自强不息始终保持审时度势的敏锐洞察力和见几而作不俟终日的机警行动力。《系辞上传》曰："夫《易》，圣人之所以极深而研几也。唯深也，故能通天下之志；唯几也，故能成天下之务；唯神也，故不疾而速，不行而至。"[1] "神"是阴阳变化神妙莫测的客观规律，"几"是事物变化发展的苗头、吉凶之先兆。《周易》一书的主要目的就在于探赜索隐、钩深致远、极深研几，探究深奥的道理，搜索隐秘的事情，教人把握万事万物之规律，未雨绸缪，以应对瞬息万变的客观形势。成大事者，必须具备这种敏锐洞察力和机警行动力，尤其在当下面对世界百年未有之大变局、中华民族面临伟大复兴的战略全局"两个大局"中，更要主动洞察先机，见几而作，察觉不断变化着的世界大局，探究变化世界中的客观规律，把握瞬息万变的客观形势，作出正确适宜的决断，并果断采取精准的策略和行动。

"自强不息"的向上精神基因，是中华民族生存、不断发展的生机和活力所在，是中华民族最深沉的精神追求和永恒主题，也是区别于其他民族的独特精神标识。这种"自强不息"的精神基因在几千年的文明历程中传承，有"天下兴亡，匹夫有责"的责任意识，有慎终敬始、居

---

① 周振甫：《周易译注》，中华书局2005年版，第244页。

安思危的忧患意识，有"苟日新，日日新，又日新"的锐意进取和革故鼎新精神，有见几而作不俟终日的敏锐洞察力和机警行动力，激励一代又一代中华儿女永不松懈、艰苦奋斗、奋发图强，谱写了一曲又一曲生生不息、昂扬向上的中国主旋律。

梁启超就是一位具有自强不息风范的人。他集政治家、学者、作家于一身，以激情澎湃、大开风气的文章，为转折时期的中国思想界带来了一股不可抵挡的洪流。他留下的1400余万字著作，极大地丰富了我国史学、哲学、法学、社会经济学、新闻学等诸多领域的学术研究。1914年他在清华大学演讲时提出的"自强不息，厚德载物"的校训，被清华大学沿用至今。然而，在北京香山植物园内，这位风云人物、学界泰斗的墓碑上没有生平，没有任何一个头衔。透过这座墓碑，我们看到的是一位为国家复兴而奔走呼号，为民族振兴而鞠躬尽瘁的知识分子的高大形象。去世时，梁启超曾有一副对联这样写道："三十年来，新事业，新智识，新思想，是谁唤起？百千载后，论学术，论文章，论人品，自有公评。"一个坦荡的人，就连他的呼声也是坦荡的，浩然正气永留人间。梁启超虽然已经逝去近百年，但在广东新会、北京、天津乃至日本神户，不仅其故居保存良好，而且他那变法图强的精神抱负至今仍然鼓舞着无数海内外同胞。

何谓厚德载物？"厚德"的意思是使品德修养更加厚实崇高，"载物"的意思是胸怀宽广，承载万物。"厚德载物"意即通过自身不断修身养性，使品德更加厚实崇高，胸怀更加宽广，志向更加高远，以海纳百川的胸襟兼收并蓄，以承载万物的品性博采众长。"厚德载物"所表现的是一种日积月累的沉淀，一种淳厚优秀的品德，一种包容万物的胸怀，一种豁达宽容的人生态度。这种督促人们不断自省、自觉、自警、自律与自为，对于提高人的品格素养，改善社会道德风尚，促进人、社会与自然和谐相处，都具有极其重要的作用。

厚德载物是一种谦虚逊让、温恭直谅的品质。《尚书·大禹谟》

称："满招损，谦受益。"《老子》曰："不自伐，故有功；不自矜，故长。"《上经·谦（卦十五）》讲："《象》曰：'谦谦君子，卑以自牧也。'"①都是在强调一个人应该用谦虚的美德加强自我修养。《易经·系辞下传》讲："是故《履》，德之基也；《谦》，德之柄也。"②天在上，泽在下，上下有分，尊卑有序，这就是履礼，故为德之基；谦卑之心常有，又能够依礼而行，必然能获得更多人的尊重，彰显出德行之光芒。所以有徐钧"世多扬激伯夷隘，公独谦虚下惠和"的赞美，郑板桥"虚心竹有低头叶，傲骨梅无仰面花"的虚心，李苦禅"未出土时先有节，到凌云处仍虚心"的亮节。

厚德载物是一种诚实守信、言信行果的人格。在《周易》作者看来，内心诚信是一种顺应天道、有效趋吉避凶的道德准则。《乾卦·文言》子曰："君子进德修业。忠信，所以进德也；修辞立其诚，所以居业也。"③一个得到高尚的人只有不断增进忠诚守信、言行一致的美德，才能确保自己的事业不断兴旺发达。秦末有个叫季布的人，一向说话算数，信誉非常高，许多人都同他建立起了浓厚的友情。当时甚至流传着这样的谚语："得黄金百斤，不如得季布一诺。"这就是成语"一诺千金"的由来。后来，他得罪了汉高祖刘邦，被悬赏捉拿。结果他的旧日的朋友不仅不被重金所惑，而且冒着灭九族的危险来保护他，并使他免遭祸殃。一个人诚实有信，自然得道多助，你的人生道路自然越走越宽广。

厚德载物也是一种豁达包容、和睦共容的心态。《坤卦·象》曰："坤厚载物，德合无疆，含弘光大，品物咸亨。"④意思是，大地承载

---

① 周振甫：《周易译注》，中华书局2005年版，第61页。

② 周振甫：《周易译注》，中华书局2005年版，第267页。

③ 周振甫：《周易译注》，中华书局2005年版，第5页。

④ 周振甫：《周易译注》，中华书局2005年版，第13页。

着万物，其德无限广大，万物亨通畅达；君子必须效法广袤的大地，心胸高远，虚怀若谷，忍辱负重，具有海纳百川的包容精神。一个人应该海纳百川有容乃大，一个国家亦是如此。东汉明帝时，佛法东来，被中国人所容纳并发扬光大，形成儒释道文化，才有"南朝四百八十寺，多少楼台烟雨中"；明末西学东渐，从望远镜地球仪这样的科普产品，到钢琴萨克斯管这类娱乐玩具，在明朝消费阶层里广泛流行，西方的数学物理化学等科研成果，更大规模地涌入，但这样的生机勃勃，随着清军入关，终变成了悲情的昙花一现。清朝夜郎自大，以天朝上国自居，闭关锁国，拒绝西学，从而导致中国文化逐渐处于停滞状态，中国越来越落后。历史证明，容纳外来文化，可以促进本国文化的发展；拒绝外来文化，本国文化也将停滞下来。①

厚德载物还是一种为政以德、人民至上的情怀。《师卦七·象》曰："地中有水，《师》。君子以容民畜众。"②意思是，广袤的土地承载积蓄着很多水源，是师卦的象征。为政者应该以宽大的胸怀容纳蓄积人民群众，和人民群众同呼吸共命运，同心同德。《节卦六十·象》曰："天地节而四时成，节以制度，不伤财，不害民。"③意思是，天地有所节制，于是形成了四季。用制度来节制，就可以达到不浪费财物，不祸害百姓的目的。《益卦四十二·象》曰："《益》，损上益下，民说无疆。"④主张体恤民情，轻徭薄赋，关心民众疾苦，保障民众利益，让百姓安居乐业，藏富于民。孔子曾强调"君子怀德"，并且指出："为政以德，譬如北辰，居其所而众星共之。"这与《周易》

---

① 张岱年：《张岱年全集》第6卷，河北人民出版社1996年版，第356页。

② 周振甫：《周易译注》，中华书局2005年版，第34页。

③ 周振甫：《周易译注》，中华书局2005年版，第212页。

④ 周振甫：《周易译注》，中华书局2005年版，第144页。

"厚德"之论是相通、融合的。①

詹天佑（1861—1919），字眷诚，号达朝，生于广东省广州府南海县（今广州市荔湾区恩宁路十二甫西街芽菜巷42号），"中国铁路之父""中国近代工程之父"。1905年，清政府任命詹天佑为总工程师，修筑从北京到张家口近200公里的铁路。京张铁路是国家级的大工程，形形色色的中外商人乐此不疲地来找詹天佑，希望能够在铁路器材生意上分得几杯羹。詹天佑懒得理他们，一见说客，立刻穿上制服奔工地而去。商人不死心，打听到詹天佑闲时喜欢摆弄花花草草，于是忙不迭送上名贵的花木，并且不失时机地在花盆里埋上巨款。詹天佑很气愤，南国生嘉木、草木有本心，他觉得这种蝇营狗苟是对他的嘲讽，于是一一斥退。

1919年4月24日，詹天佑驾鹤西归之前的几个小时，他留下了遗言，特别要求发妻向国家陈述三件事：一、振奋发扬工程学会活动，以兴国富民；二、慎选人才管理俄路，以外扬国光；三、就款计工，唯力是视，脚踏实地建成汉粤川全路。妻儿老小一直守候病榻前，等来的，不是家财万贯，不是儿女情长，而是詹天佑对国家、对事业的深深牵挂。

自强不息，厚德载物是中华民族传统精神的重要组成部分，也是中华民族传统美德的高度概括。自强不息本身意蕴着生生不息、运行不止、蓬勃向上、永不停息的刚健有力，积极进取和勤劳勇敢、奋发图强、独立自主、锐意进取、坚忍不拔、百折不挠、求真务实、经世致用等中华民族的进取之能。厚德载物的博大胸怀铸就了谦虚逊让、温恭直谅、诚实守信、言信行果、豁达包容、和睦共容、为政以德、施惠于民、善待万物、和谐共生、虚怀若谷、包容大度、团结统一、互助友

---

① 张涛、袁江玉：《〈周易〉的君子观》，《理论学刊》2016年第2期。

爱、兼容并包、博采众长、协和万邦、爱好和平、合作共赢等华民族精
神中的博厚之德。①纵观世界历史，人类其他古代文明或消亡或停滞，
唯独中华文明历五千年悠久历史绵延不断、生生不息，其根本原因是中
华文明具有建立在"和合"哲学基础上的开放性和包容性。对于外来文
明，如佛教、伊斯兰教、基督教等，中华文明不拒绝、不与之冲突，而
是尊重、包容、吸纳，和而不同，和谐共处。这种厚德载物的包容姿态
使中华文明保持了强劲的生命力，并造就了其异彩纷呈的繁盛景象。②

　　2013年9月26日，习近平总书记在会见第四届全国道德模范及提名
奖获得者时指出："自强不息、厚德载物的思想，支撑着中华民族生生
不息、薪火相传，今天依然是我们推进改革开放和社会主义现代化建设
的强大精神力量。"③

三、天下兴亡匹夫有责的家国情怀

　　实现中华民族伟大复兴，是近代以来中国的历史主题。2021年7月
1日，在庆祝中国共产党成立100周年大会上，习近平总书记明确指出：
"一百年来，中国共产党团结带领中国人民进行的一切奋斗、一切牺
牲、一切创造，归结起来就是一个主题：实现中华民族伟大复兴。"④
可以说，只有创造过辉煌的民族，才懂得复兴的意义；只有经历过苦难
的民族，才对复兴有深切的渴望。在推动民族复兴的历史进程中，天下

---

①　王彩云：《试析德能互补、仁智双彰的君子人格——以自强不息、厚德载物为
内涵》，《南阳理工学院学报》2017年第5期。

②　张涛、袁江玉：《<周易>的君子观》，《理论学刊》2016年第2期。

③　《习近平谈治国理政》第1卷，外文出版社2018年版，第158页。

④　习近平：《在庆祝中国共产党成立100周年大会上的讲话》，《人民日报》2021
年7月2日。

兴亡匹夫有责的民族品格始终是凝聚伟大力量的精神内核。

　　明末著名思想家顾炎武在《日知录·正始》中首次提出"保天下者，匹夫之贱，与有责焉耳矣"。国学大师梁启超在《痛定罪言》一文中将顾炎武的话提炼概括为："斯乃真顾亭林所谓'天下兴亡，匹夫有责'也"，其意为"国家兴盛或衰亡，每个普通的人都有责任"，以此唤醒中国人的"爱国心"。①

　　"天下兴亡，匹夫有责"是中华民族生生不息、刚健进取、昂扬向上的不竭动力。在漫长的历史进程中，中华民族历经无数次暴风骤雨，历经过无数次易姓改号，改朝换代；历经过周边族群入主中原；历经过列强入侵，面临被瓜分亡国灭种的危险。中华民族能够度过一切的风雨，熬过一切的灾难，依然屹立于世界的东方，上下五千年古老文明从未曾中断，绵延发展。靠的是什么？是"天下兴亡，匹夫有责"的家国情怀和爱国精神！②

　　"天下兴亡，匹夫有责"的家国情怀是对自己国家的一种高度认同感和归属感。这种高度认同感和归属感是中国人和中国文化对自己家庭和国家祸福一体、荣辱与共、休戚相关的情感体验以及价值认识的产物，表达着中国人和中国文化将"家"与"国"连在一起不可分割的情感共同体和命运共同体意识，也是根源于家国一体、家国同构、家国圆融基础上的一种既朴素又深刻的伦理情感和民族精神。这种高度认同感和归属感已经成为中华民族的基因，根植在每一位中国人的内心深处，潜移默化影响着中国人的思想方式和行为人方式。

　　"天下兴亡，匹夫有责"的家国情怀是一个人对自己国家和人民

----

① 但兴悟：《"天下兴亡，匹夫有责"的再诠释与中国近代民族国家意识的生成》，《世界经济与政治》2006年第10期。

② 钱逊：《"天下兴亡，匹夫有责"的真精神》，《学习时报》2016年10月13日。

表现出来的深情大爱。这种深情大爱是中国人和中国文化的精神特质和价值标识，是每个中国人将自己的小家与大家一体化建构的伦理精神及其价值构成，凸显着"国以家为基""家以国为本"的家国命运共同体意识，助推中华民族"多元一体"的价值认同和价值共识的形成及其强化。这种深情大爱是一面最广泛团结人民投身于中华民族伟大复兴伟大梦想的伟大旗帜，是一种强力的"粘合剂"，在新时代中国特色社会主义新征程中把人们连结在一起，形成相对稳定的生活系统以及命运的共同体，它使家庭巩固，使乡亲和睦，使民族团结，使祖国统一。[①]

"天下兴亡，匹夫有责"的家国情怀是对国家富强和人民幸福表现出的责任担当。这种理想追求是人们对自己祖国的一种深厚情感，是愿意为祖国奋斗献身的价值取向。从"路漫漫其修远兮，吾将上下而求索"的屈原，到"人生自古谁无死，留取丹心照汗青"的文天祥；从"我自横刀向天笑，去留肝胆两昆仑"的谭嗣同，到"一二·九"运动中发出"华北之大，已经安放不得一张平静的书桌了"的北平爱国学生，从"抗美援朝，保家卫国"抗美援朝到"生命至上、举国同心、舍生忘死、尊重科学、命运与共"的伟大抗疫精神，这种强烈的家国情怀绵延传承至今。

陈子壮(1596—1647)，字集生，号秋涛，广东广州府南海县沙贝乡(今广东省广州市白云区石井镇沙贝村)人。1644年，清军占领了北京。明福王朱由崧在南京称帝，任命陈子壮为礼部尚书，加太子太保。1647年初，子壮受封为东阁大学士，兼吏部、兵部、礼部三部尚书，督办广东、福建、江西、湖广军务。1647年，明降将、清总督佟养甲，总兵李成栋统清兵六万，攻陷广州。陈子壮退至高明，清军偷掘地道入城，城破后陈子壮被俘。在传讯陈子壮时，佟养甲大声喝道："还不

① 徐嘉恩：《天下兴亡匹夫有责——浅谈爱国主义的内涵、作用和重点》，《绍兴师专学报（哲学社会科学版）》1995年第1期。

下跪！"陈子壮昂然北面而立，骂道："你是谁？敢要我跪，头可断，膝不能屈。"佟养甲道："我和你曾共过事，看在年谊份上，我可不杀你，跪吧。"陈子壮厉声道："你丧失民族气节，背叛朝廷，还跟我讲年谊？"佟养甲心中又愧又恨，但仍不死心道："现在已是清朝的天下，大局已定，不要太固执了，只要肯投降，我包你照样高官厚禄，荣华富贵。"陈子壮道："道不同，不相为谋。做你的走狗去吧！"佟养甲道："难道不顾全你的老母吗？"陈子壮道："我举兵之时已禀命高堂，她教诲我自古忠孝难两全，尽忠即尽孝，只管杀敌，无须以她为念。事既无成，今日被擒有死而已。"翌日，陈子壮被押到东较场。他对前来吊祭的亲人说："我为国，不知有家矣！"佟养甲为雪羞辱之恨，下令用利锯锯死他。行刑时，刽子手无法锯下。陈子壮已成为一个血人，仍厉声斥道："蠢材！锯人需用板啊！"陈子壮最终壮烈牺牲，时年52岁。陈子壮以其实际行动演绎了一场感天动地的"天下兴亡，匹夫有责"的家国情怀，以自己短暂却流传千古的52年谱写了一曲伟岸的中华民族精神赞歌，以自己鲜活的生命为中华民族的后人们矗立起不朽的丰碑。①

今天，我们正处于中华民族伟大复兴的战略全局和世界百年未有之大变局的大变革、大发展时代，疫情之下中国发展的外部环境更趋复杂，不稳定性不确定性明显增加，我国发展不平衡不充分问题仍然突出，重点领域关键环节改革任务仍然艰巨，在这样的世情和国情面前，弘扬"天下兴亡，匹夫有责"的家国情怀有着既深刻又重要的战略意义和精神价值。

弘扬"天下兴亡，匹夫有责"的家国情怀，有助于推动社会主义现代化建设、助力实现中华民族伟大复兴。中华伦理文明是以家国一体、

---

① 黄剑丰：《抗清英雄陈子壮铁骨铮铮，面对高官厚禄引诱未曾下跪，雕塑师唐大禧为何选择他下跪形象造像？》，搜狐网（https://www.sohu.com），2017年5月3日。

家国同构为其基本架构的，崇尚既重家庭建设更关心国家建设的圆融性伦理智慧，形成一种利益共生、情感共鸣、价值共识、发展共赢和责任共担的命运共同体意识。历史上，一些中华民族的优秀分子把祖国之情倾注在社会革命和社会改革的要求和实践上。近代的冯如，1909年他驾驶自己设计自己制造的飞机回国；著名数学家华罗庚、号称我国"导弹之父"的钱学森等，他们放弃国外的优厚待遇，谢绝国外的重金聘请，献身祖国的革命和建设事业……从古到今，中华民族的千千万万仁人志士就是这样肩负着天下兴亡之责，奋然地前行着。他们付出的是青春、热血和生命，得到的是艰辛、磨难和牺牲，给历史留下的是民族的兴旺、祖国的统一、社会的进步，给后人留下的一颗祖国之爱的丹心。[①]

弘扬"天下兴亡，匹夫有责"的家国情怀，有助于涵养社会主义核心价值观，增强新时代中国特色社会主义的凝聚力、向心力和行动力。家国情怀是植根于中国人血脉之中的价值基因和深层次的伦理文化密码，是中华传统核心价值的精髓。社会主义核心价值观将国家、社会、公民三个维度的价值要求融为一体，其价值内核实为中国人的家国情怀。培育全体国民的家国情怀是核心价值观培育和核心素养发展的重要基础，是全体国民实现人生梦想和人生幸福不可缺失的气志色、骨气和底气。习近平总书记指出："只有实现中华民族伟大复兴的中国梦，家庭梦才能梦想成真。中国人历来讲求精忠报国，革命战争年代母亲教儿打东洋、妻子送郎上战场，社会主义建设时期先大家后小家、为大家舍小家，都体现着向上的家庭追求，体现着高尚的家国情怀。"[②]

弘扬"天下兴亡，匹夫有责"的家国情怀，有助于挺立中国人精神风骨的发动机，提振文明中国的影响力、吸引力和感召力。中华伦理文

---

① 徐嘉恩：《天下兴亡匹夫有责——浅谈爱国主义的内涵、作用和重点》，《绍兴师专学报（哲学社会科学版）》1995年第1期。

② 《习近平谈治国理政》第2卷，外文出版社2017年版，第354页。

明的家国情怀，如黄钟大吕，似金声玉振，是中华优秀传统伦理文明薪火相传、绵延不绝的血缘脐带，是中华民族跻身于世界民族之林的根基厚土。源远流长、静水流深的家国情怀，以家庭幸福、国家强盛、大家好才是真的好、忠孝传家为核心，集中反映了中华伦理文明的精神风骨和独特魅力。费孝通在20世纪90年代就提到过，全国这么多人在外面漂来漂去，为什么中国的秩序还是稳定的？他说秘密就在家庭，"好像把一块石头丢在水面上所发生的一圈圈推出去的波纹"的差序格局，"每个人都是他社会影响所推出去的圈子的中心"①，人人扩散出去，人人是为了家，家是最小国，国是最大家，家是人的后盾，国是家的后盾。

1935年12月9日，北京大学、北平师范大学等学校的学生走上街头，提出反对华北成立防共自治委员会、停止内战、立即释放被捕学生等要求，"一二·九"运动爆发。消息传到广州，立即在广大学生群众中产生了强烈影响，以中山大学为中心的广州学生抗日救亡运动如火山喷发，熔岩迅速喷溢和燃烧。左翼组织和爱国者纷纷行动起来，中山大学研究院同学会随即发电全国声援，各学院和附属学校许多班级学生举行集会，决定发动全校学生开展抗日活动。11日夜间，全校班代表举行会议，决定翌日召开全校大会，举行抗日示威游行。12日下午一时，在冲破反动当局重重破坏和阻挠后，农学院教授张农率领全体学生和部分教职工共2000多人列队从石牌步行进入市区，同医学院及附中附小1000多同学汇合，女师等学校的部分同学也参加进来。4000多人的队伍像一股洪流迅速涌进市中心。游行队伍以"国立中山大学抗日示威大游行"的门旗为前导，同学们手持标语小旗，沿途高唱《义勇军进行曲》和救亡歌曲，高呼"停止内战，一致对外！""打倒日本帝国主义！""反对华北五省自治！""收复东北失地！""武装保卫华北！"他们的凛

---

① 费孝通：《乡土中国　生育制度》，北京大学出版社1998年版，第26页。

然正气融进民族伦理精神的深处，筑起近代救亡图存的精神长城。

中国共产党成立100周年刚过，举国欢庆的背后是我们对中国共产党领导下的中国发自内心的自豪和骄傲。五千年文明、建党一百年、改革开放、全面建成小康社会……这些脱口而出的词的背后，都凝聚了古往今来多少仁人志士的心血、汗水以及"家国天下"的梦想和情怀。中华民族依靠"天下兴亡，匹夫有责"的家国情怀，战胜一次又一次的风雨侵袭、外敌侵略、灾难侵蚀。中华民族依靠"天下兴亡，匹夫有责"的家国情怀走到今天，也必然依靠"天下兴亡，匹夫有责"的家国情怀赢得未来。那么，如何在新时代更好的弘扬"天下兴亡，匹夫有责"家国情怀？

首先，弘扬"天下兴亡，匹夫有责"的家国情怀，要自觉地将家庭命运与国家命运有机地联系起来，将既重视家庭建设又重视国家建设有机统一起来。自古以来中国人就注重家与国的互联互通和一体化建设，认为国之本在家，家齐而后国治，家是组成国的基本单元和细胞，国是千万家的伦理组合和共同利益体现，总是把爱家与爱国、齐家与治国、敦睦家风与铸造国魂相提并论，鼓励人们在家尽孝、为国尽忠。

其次，弘扬"天下兴亡，匹夫有责"的家国情怀，要有着"家是最小国，国是最大家"的价值设定，主张在小家与大家发生矛盾或不能两全的时候舍小家为大家，并将为国尽忠视为最大最高意义上的孝。1998年长江抗洪的危急时刻，人民子弟兵带头跳入洪水抢险；2008年四川汶川地震后，第一时间抵达震中救援的是大批中共党员；2020年抗击新冠肺炎疫情，全国支援湖北的4万多名医护人员中，56.1%是中共党员。无数共产党员舍小家顾大家，"为了保护人民生命安全，什么都可以豁得出来"[①]。

---

① 习近平：《在全国抗击新冠肺炎疫情表彰大会上的讲话》（单行本），人民出版社2020年版，第13页。

最后，弘扬"天下兴亡，匹夫有责"的家国情怀，不能只停留在思想认知和价值设定上，还要体现日常工作中，体现在实际行动上。在当下的和平年代，要立足本职工作，全身心投身新时代中国特色社会主义现代化建设，为祖国的繁荣富强贡献自己应有的力量。当国家处于动荡危难时，要毫不犹豫投身国家、报效祖国，甚至不惜牺牲生命，正如林则徐所言"苟利国家生死以，岂因祸福避趋之"。2020年中国打赢脱贫攻坚战，现行标准下9899万农村贫困人口全部脱贫，历史性解决困扰中华民族几千年的绝对贫困问题，我们全面建成小康社会。成绩的背后，1800多名共产党员干部牺牲在脱贫攻坚的路上。

在2020年新冠疫情气势汹汹逼来之际，广大医务人员白衣为甲、逆行出征，舍生忘死挽救生命；广大人民群众与生死较量不畏惧、千难万险不退缩，居家隔离，默默坚守；长城内外、大江南北，全国人民心往一处想、劲往一处使，把个人冷暖、集体荣辱、国家安危融为一体。14亿中国人民同呼吸、共命运，肩并肩、心连心，绘就了团结就是力量的时代最强音！习近平总书记在2020年9月8日全国抗击新冠肺炎疫情表彰大会上指出："一个民族之所以伟大，根本就在于在任何困难和风险面前都从来不放弃、不退缩、不止步，百折不挠为自己的前途命运而奋斗。从5000多年文明发展的苦难辉煌中走来的中国人民和中华民族，必将在新时代的伟大征程上一路向前，任何人任何势力都不能阻挡中国人民实现更加美好生活的前进步伐！"[1]抗疫斗争的胜利证明，"天下兴亡，匹夫有责"的家国情怀，是中国人民具有不屈不挠的意志力，是战胜前进道路上的一切艰难险阻的力量源泉。

---

[1] 习近平：《在全国抗击新冠肺炎疫情表彰大会上的讲话》（单行本），人民出版社2020年版，第26页。

四、坚定文化自信提升文化软实力

党的十九届五中全会从国家战略全局上对文化建设作出了谋划和部署，指出要提高国家文化软实力，到2035年实现建成文化强国的远景目标。强调要坚持马克思主义在意识形态领域的指导地位，坚定文化自信，坚持以社会主义核心价值观引领文化建设，加强社会主义精神文明建设，围绕举旗帜、聚民心、育新人、兴文化、展形象的使命任务，促进满足人民文化需求和增强人民精神力量相统一，推进社会主义文化强国建设。

文化软实力是相对于其硬实力来说的，是某种文化通过人们的行为所产生的正面影响力，即通过思想理论、价值观念、道德品行、人格、风俗习惯、科学技术、文化事业、文化产业、教育、体育、文化市场、文化资源、文化环境等文化元素所展现出来的吸引力、感召力、创造力、凝聚力和生产力。[①]文化软实力，主要包含三个层面的要素：一是指文化传统、价值观念和制度体系；二是指建立在公共文化服务体系基础上，以人的精神、品格为核心的国民素质，培育、继承和发展一种独特的民众精神和品格；三是包括音乐、表演艺术、电影电视、出版、会展、动漫游戏、新媒体等可以产业化运营的文化产业。文化自信是一个民族、一个国家以及一个政党对自身文化价值的充分肯定和积极践行，并对其文化的生命力持有的坚定信心。习近平总书记在中国文联十大、中国作协九大开幕式上强调指出："文化自信，是更基础、更广泛、更深厚的自信，是更基本、更深沉、更持久的力量。坚定文化自信，是事关国运兴衰、事关文化安全、事关民族精神独立性的大问题。"[②]当今

---

① 李家祥：《国家软实力问题研究》，高等教育出版社，2016年，第32、33页。

② 《习近平谈治国理政》第2卷，外文出版社2017年版，第349页。

世界正面临百年未有之大变局，科技革命浪潮滚滚而来，国与国之间的竞争日益激烈。毫无疑问，坚定文化自信，提升文化软实力，推进社会主义文化强国建设，对于应对日益激烈的国际竞争，实现中华民族伟大复兴具有十分重大的意义。我们必须在形成思想共识的基础上，不断增强文化自觉，切实担当起新时代推动文化进步的责任与使命。

一是必须始终坚持马克思主义在意识形态领域的指导地位，确保中国特色社会主义文化的政治方向。意识形态属性是文化的本质属性。任何一种文化，都会打上其所从属的意识形态的鲜明烙印。马克思主义是社会主义文化的旗帜和灵魂。习近平总书记指出："坚持以马克思主义为指导，是当代中国哲学社会科学区别于其他哲学社会科学的根本标志，必须旗帜鲜明加以坚持。"[1]坚持马克思主义在意识形态领域的指导地位，是中国特色社会主义制度体系的一项根本制度，更是保证文化强国建设沿着正确方向前进的根本制度。

在推进文化强国建设中，要始终高举中国特色社会主义伟大旗帜，坚持以马克思列宁主义、毛泽东思想、邓小平理论、"三个代表"重要思想、科学发展观、习近平新时代中国特色社会主义思想为指导，确保文化建设的正确方向、舆论导向、价值取向。[2]要教育引导文化战线党员干部深入学习党的创新理论，自觉坚持用党的创新理论统领文化强国建设，把习近平总书记关于文化强国建设重要论述精神落实到把握方向导向、创新思维思路、改革体制机制等各个方面。要把坚持以马克思主义为指导全面落实到思想理论建设、哲学社会科学研究、教育教学各方面。坚持守正创新、固本开新，不断提高社会主义意识形态的凝聚力和

---

① 习近平：《在哲学社会科学工作座谈会上的讲话》，《人民日报》2016年5月19日。

② 邢善萍：《奋力谱写社会主义文化强国建设的新篇章》，《学习时报》2020年12月28日。

引领力，让全体人民在思想上精神上紧紧团结在中国特色社会主义的旗帜下，同心协力建设中国特色社会主义伟大事业。①

二是必须始终坚持弘扬和传承中华优秀传统文化，保障中国特色社会主义文化的自信之源。2017年4月19日，习近平总书记在广西考察时强调："要增强文化自信，在传承中华优秀传统文化基础上发展社会主义先进文化，加快建设社会主义文化强国。"②中华优秀传统文化是我们最厚重的软实力，是建设社会主义文化强国的自信之源、坚实根基与丰厚滋养。中华民族在5000多年的历史长河中，形成了人类历史上博大精深、独树一帜且从未间断过的中华文化。在每一个历史时期，中华民族都产生了灿若繁星的大师大家，并留下大量不朽作品，共同谱写了中华文化的辉煌篇章。从老子、孔子、庄子、孟子、屈原、王羲之、李白、杜甫、苏轼、辛弃疾、关汉卿、曹雪芹，到"鲁郭茅巴老曹"（鲁迅、郭沫若、茅盾、巴金、老舍、曹禺），到聂耳、冼星海、梅兰芳、齐白石、徐悲鸿，从诗经、楚辞到汉赋、唐诗、宋词、元曲以及明清小说，从《格萨尔王传》《玛纳斯》到《江格尔》史诗，从五四时期新文化运动、新中国成立到改革开放的今天，产生了灿若星辰的文艺大师，留下了浩如烟海的文艺精品，不仅为中华民族提供了丰厚滋养，而且为世界文明贡献了华彩篇章。③

中华民族在长期实践中培育和形成了独特的思想理念和道德规范，有崇仁爱、重民本、守诚信、讲辩证、尚和合、求大同等思想，有自强不息、敬业乐群、扶正扬善、扶危济困、见义勇为、孝老爱亲等传统美德。中华优秀传统文化中很多思想理念和道德规范，不论过去还是现

第六章 培根铸魂建设社会主义文化强国

在，都有其永不褪色的价值。中华优秀传统文化成就辉煌、影响深远，铸就了我们今天开创社会主义文化强国的强大底气。传承中华文化，绝不是简单复古，也不是盲目排外，而是古为今用、洋为中用，辩证取舍、推陈出新，摒弃消极因素，继承积极思想，"以古人之规矩，开自己之生面"，实现中华文化的创造性转化和创新性发展。①我们要坚持不忘本来、吸收外来、面向未来，在继承中转化，在学习中超越，创作更多体现中华文化精髓、反映中国人审美追求、传播当代中国价值观念、又符合世界进步潮流的优秀作品，让我国文艺以鲜明的中国特色、中国风格、中国气派屹立于世。②

三是必须坚持科学构筑社会主义核心价值观的文化自信，加快提高国民素质和社会文明程度。道路自信、理论自信、制度自信，是文化自信的外化和具体呈现，归根结底就是价值观自信。价值观是文化最深层的内核。社会主义核心价值观是当代中国精神的集中体现，是凝聚中国力量的思想道德基础，是决定社会主义先进文化性质和方向的最深层次要素。③只有持续培育和践行社会主义核心价值观，大力传承和延续中华民族思想精髓、精神基因、文化血脉，才能更好构筑中国精神、中国价值、中国力量，使中华民族以更加昂扬的姿态屹立于世界民族之林。

习近平总书记指出："培育和弘扬社会主义核心价值观必须立足中华优秀传统文化。"④一方面，"要切实把社会主义核心价值观贯穿于社会生活方方面面，要通过教育引导、舆论宣传、文化熏陶、实践养成、制度保障等，使社会主义核心价值观内化为人们的精神追求，外化

---

① 习近平：《在文艺工作座谈会上的讲话》，《人民日报》2015年10月15日。

② 《习近平谈治国理政》第2卷，外文出版社2017年版，第352页。

③ 周东华等：《坚定文化自信建设社会主义文化强国》，《党政论坛》2017年第12期。

④ 《习近平谈治国理政》第1卷，外文出版社2018年版，第163、164页。

为人们的自觉行动"①；另一方面，"要发挥政策导向作用，使经济、政治、文化、社会等方方面面政策，都有利于社会主义核心价值观的培育。要用法律来推动核心价值建设。各种社会管理要承担起倡导社会主义核心价值观的责任，注重在日常管理体制中体现价值导向，使符合核心价值观的行为得到鼓励、违背核心价值观的行为受到制约"②。贯彻落实这些要求，不仅要靠思想教育、实践养成，而且要用体制机制来保障。其一，要加强党史、新中国史、改革开放史、社会主义发展史教育，加强爱国主义、集体主义和社会主义教育，推动理想信念教育常态化制度化。其二，要加强家庭、家教、家风建设，促进形成爱国爱家、相亲相爱、崇德向善、共建共享的社会主义家庭文明新风尚。其三，要健全各行各业规章制度，完善市民公约、乡规民约、学生守则等行为准则，要建立和规范一些礼仪制度，大力提高教育和文化发展水平，发展公共文化服务事业，提高国民素质。总之，我们要深刻认识中国的进步归根结底是文明的进步，要继续深化群众性文明创建活动，要推进公民道德建设，实施文明创建工程，比如创建文明城市、文明社区、文明乡村、文明单位，比如教育扶贫、文化扶贫、扶贫扶志扶智并举等等，拓展新时代文明实践中心建设，不断增强人们文明实践自觉，推动形成适应新时代要求的思想观念、精神面貌、文明风尚和行为规范。

四是必须始终坚持以人民为中心的价值立场，全面提升公共文化服务水平，满足人民美好生活的需要。习近平总书记指出："人民的需要是文艺存在的根本价值所在。能不能搞出优秀作品，最根本的决定于是否能为人民抒写、为人民抒情、为人民抒怀。"③"为什么人"的问

① 《习近平谈治国理政》第1卷，外文出版社2018年版，第164页。

② 《习近平谈治国理政》第1卷，外文出版社2018年版，第165页。

③ 习近平：《在文艺工作座谈会上的讲话》，《人民日报》2015年10月15日。

题，是文化繁荣发展中带有根本性、基础性的重大问题，体现社会主义文化的价值追求，决定着社会主义文化的性质和方向。以人民为中心是社会主义先进文化的价值立场。我们建设的社会主义先进文化，是人民大众的文化，是人民美好生活需要的文化，是人民大众共建共享的文化。社会主义先进文化坚持以人民为中心的价值立场，坚持人民性，坚持以民为本、以人为本，就是要把实现好、维护好、发展好最广大人民根本利益、满足人民日益增长的精神文化需求作为出发点和落脚点。[①]

全面提升公共文化服务水平。这与我国经济社会发展跨入高质量发展阶段相适应的时代要求，推动文化发展、建设文化强国，从根本上说就是为了更好满足人民日益增长的精神文化生活需要和保障人民的文化权益。要加快构建现代公共文化服务体系，促进基本公共文化服务标准化均等化，建立健全政府向社会力量购买公共文化服务机制，加大公共文化设施免费开放力度。[②]要坚持政府主导、社会参与、重心下移、共建共享，创新实施文化惠民工程，加强国家重大文化设施和文化项目建设，提高基本公共文化服务的覆盖面和实用性，推进城乡公共文化服务体系一体建设，广泛开展群众性文化活动，健全支持公共文化服务多元投入等机制，促进城乡文化协调发展、共同繁荣。大力实施文艺作品质量提升工程，全面繁荣新闻出版、广播影视、文学艺术、哲学社会科学事业，为人民群众提供更优质更有效的文化服务。[③]"要保护好前人留下的文化遗产，包括文物古迹，历史文化名城、名镇、名村，历史街

---

① 周东华等：《坚定文化自信建设社会主义文化强国》，《党政论坛》2017年第12期。

② 习近平：《在党的十八届五中全会第一次全体会议上关于中央政治局工作的报告》，《习近平关于社会主义文化建设论述摘编》，中央文献出版社2017年版，第189页。

③ 邢善萍：《奋力谱写社会主义文化强国建设的新篇章》，《学习时报》2020年12月28日。

区、历史建筑、工业遗产，以及非物质文化遗产，不能搞'拆真古迹、建假古董'那样的蠢事。""要让居民望得见山、看得见水、记得住乡愁。"①

五是必须着力健全现代文化产业体系，筑牢筑强国家文化软实力的创新基础。实现文化的"创造性转化、创新性发展"是健全现代文化产业体系，筑牢筑强文化软实力，坚定文化自信、建设文化强国的必由之路。只有文化创新才能发展文化，只有发展文化，才能坚定文化自信。要坚持把社会效益放在首位、社会效益和经济效益相统一，健全现代文化产业体系和市场体系，推动各类文化市场主体发展壮大，推动文化产业高质量发展，以高质量文化供给提高人们的文化获得感、幸福感。要坚定不移将文化体制改革引向深入，推动文化企事业单位改革，构建现代服务体系，完善文化产业规划和政策，加强文化市场体系建设，扩大优质文化产品供给。要创新文化治理体系，积极推动政府服务角色的转变，增加社会资本对文化事业的投入，推动文化服务社会化、市场化和专业化。②要坚持以文塑旅、以旅彰文，推动文化和旅游融合发展，让人们在领略自然之美中感悟文化之美、陶冶心灵之美。在第四次科技革命浪潮下，要充分发挥大数据、人工智能、云计算、虚拟现实等对文化产业的改造升级，充分利用新时代的媒介环境和科技手段创新文化的载体和表达方式，加快发展新型文化企业、文化业态、文化消费模式，用大众喜闻乐见的方式呈现出来，提高质量效益和核心竞争力，更好地沿袭和传承优秀传统文化、革命

---

① 习近平：《坚定文化自信，建设社会主义文化强国》，《求是》2020年第12期。

② 郭明飞、柴盈：《新时代建设社会主义文化强国的四重维度》，《石河子大学学报（哲学社会科学版）》2021年第1期。

文化和社会主义先进文化。①

2019年1月6日，第十一届中国舞蹈"荷花奖"颁奖典礼在海南举行，广州歌舞剧院历经5年打造的舞剧《醒·狮》，作为国内首部以国家"非遗"项目"广东醒狮"为主题的舞剧，获得"荷花奖"舞剧奖。《醒·狮》缘何获中国舞蹈界最高奖？《醒·狮》以三元里抗英斗争为历史背景，讲述了舞狮少年阿醒和龙少的自我觉醒，大时代风云中南粤儿女精神觉醒、勇于抗争的故事。《醒·狮》用现代艺术表现手法呈现三元里抗英的广州故事，把南狮、南拳、蔡李佛拳、大头佛、英歌舞、岭南曲风、广东狮鼓、木鱼说唱等诸多南粤非遗项目作为创作元素，以深厚的岭南人文为载体，将民族舞蹈与广东狮舞相融合，将南拳马步和广东醒狮特有的腾、挪、闪、扑、回旋、飞跃等技巧融入舞蹈语言，大开大合，刚柔相济，展现了广州故事、中国精神、东方气韵。

习近平指出："文化软实力集中体现了一个国家基于文化而具有的凝聚力和生命力，以及由此产生的吸引力和影响力。古往今来，任何一个大国的发展进程，既是经济总量、军事力量等硬实力提高的进程，也是价值观念、思想文化等软实力提高的进程。"②文化自信是指对自身文化禀赋，文化精髓，文化价值发自内心、充满热情地尊敬、信任和坚守，并能以积极进取的精神，在实践中自觉地加以传承、弘扬和践行。在建设社会主义文化强国的征程中，我们要以党的十九届五中全会精神为指导，必须始终坚持马克思主义在意识形态领域的指导地位，确保中国特色社会主义文化的政治方向；必须始终坚持弘扬和传承中华优秀传统文化，保障中国特色社会主义文化的自信之源；

---

① 陈佳：《文化自信的生成与建构》，《南昌航空大学学报（社会科学版）》2021年第1期。

② 习近平：《习近平关于社会主义文化建设论述摘编》，中央文献出版社2017年版，第198页。

必须坚持科学构筑社会主义核心价值观的文化自信，加快提高社会文明程度；必须始终坚持以人民为中心的价值立场，全面提升公共文化服务水平，满足人民美好生活的需要；必须着力健全现代文化产业体系，筑牢筑强国家文化软实力的创新基础，不断提升国家的文化软实力，推动文化高质量发展，增强中国特色社会主义的文化影响力。

（执笔人：胡　勇）

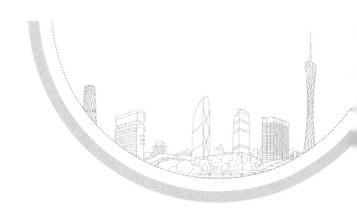

第七章

全面推进党的建设新的伟大工程

"新的征程上，我们要牢记打铁必须自身硬的道理，增强全面从严治党永远在路上的政治自觉，以党的政治建设为统领，继续推进新时代党的建设新的伟大工程，不断严密党的组织体系，着力建设德才兼备的高素质干部队伍，坚定不移推进党风廉政建设和反腐败斗争，坚决清除一切损害党的先进性和纯洁性的因素，清除一切侵蚀党的健康肌体的病毒，确保党不变质、不变色、不变味，确保党在新时代坚持和发展中国特色社会主义的历史进程中始终成为坚强领导核心！"

　　习近平：《在庆祝中国共产党成立100周年大会上的讲话 》（2021年7月1日）

【本章阅读导引】

　　实现中华民族伟大复兴，是近代以来中华民族最伟大的梦想。在实现伟大梦想的历史进程中，历史和人民选择了中国共产党。中国共产党一经成立，就把实现共产主义作为党的最高理想和最终目标，义无反顾肩负起实现中华民族伟大复兴的历史使命，团结带领人民进行了艰苦卓绝的斗争，谱写了气吞山河的壮丽史诗。历史表明：没有中国共产党，就没有新中国，就没有中华民族伟大复兴。

　　进入新时代、踏上新征程，我们必须充分认识：中国共产党领导是中国特色社会主义最本质的特征，是中国特色社会主义制度的最大优势，是党和国家的根本所在、命脉所在，是全国各族人民的利益所系、命运所系。办好中国的事情，关键在党。只有坚持和加强党的全面领导，不断增强党的创造力、凝聚力、战斗力，才能更好凝聚起同心共筑中国梦的磅礴力量，开创中华民族更加美好的未来。

　　打铁必须自身硬。进入新时代，我们党要团结带领人民进行伟大斗争、推进伟大事业、实现伟大梦想，必须深入推进党的建设新的伟大工程。党的十九大对新时代党的建设提出了总要求，强调要全面推进党的政治建设、思想建设、组织建设、作风建设、纪律建设，把制度建设贯穿其中。我们要把这一总要求贯彻好、落实好，不断提高党科学执政、民主执政、依法执政水平，坚定不移推进党风廉政建设和反腐败斗争，毫不动摇坚持和完善党的领导，毫不动摇把党建设得更加坚强有力。

一、全面推进党的政治建设

党的政治建设，指的是为推动党的事业和加强党的自身发展，运用科学的理论和方法，正确制定党的纲领和政治路线，制定相应的方针政策，并用党的纲领、路线和方针政策统一全党的思想和行动，通过正确处理党内矛盾、解决突出问题，确保全党思想上政治上高度统一、步调一致，为实现党的政治使命和政治目标努力奋斗。正如习近平总书记所强调："坚持以党的政治建设为统领，坚决维护党中央权威和集中统一领导……党中央作出的决策部署，所有党组织都要不折不扣贯彻落实……始终在政治立场、政治方向、政治原则、政治道路上同党中央保持高度一致。"①

党的政治建设是党的建设的"牛鼻子"，在党的各方面建设中具有统领性、根本性和主导性。任何政党都有政治属性，都有自己的政治使命、政治目标、政治追求。马克思主义政党的基本属性决定了其必须具有崇高的政治理想、纯洁的政治品质和严明政治纪律。如果马克思主义政党不讲政治，其先进性和纯洁性就无从谈起。截至2021年6月，中国共产党党员总数超过9514.8万，党的基层组织总数超过486.4万，同时党员队伍的来源构成、思想观念、价值取向、利益诉求

---

① 《习近平谈治国理政》第3卷，外文出版社2020年版，第504—506页。

等也日益多样化，在这种情况下，保持和发展马克思主义政党的政治属性不是一件容易的事，不能指望泛泛抓一抓或者集中火力打几个战役就能彻底解决问题，必须真抓实干，永葆党的先进性和纯洁性，使党不断发展壮大、从胜利走向新胜利，确保中国共产党始终成为中国特色社会主义事业的坚强领导核心，为实现"两个一百年"奋斗目标和中华民族伟大复兴中国梦提供坚强政治保证。

党的政治建设是一个永恒课题，中国共产党历来注重从政治上建设党。从古田会议上毛泽东同志提出思想建党、政治建军原则，到1945年党的七大提出首先着重在思想上、政治上进行建设，同时也在组织上进行建设；从新中国成立后毛泽东同志提出"政治工作是一切经济工作的生命线"[①]，到改革开放后邓小平同志强调"到什么时候都得讲政治"[②]，都表明注重从政治上建设党是中国共产党不断发展壮大、从胜利走向胜利的重要保证。党的十八大以来，在全面从严治党实践中，党的政治建设更是被摆上突出位置。针对当时党内部分同志忽视政治、淡化政治，仅仅将党的领导停留在口头上，对错误言行缺乏政治敏锐性、政治鉴别力和斗争精神，甚至无视党的政治纪律和政治规矩，仍然奉行潜规则、把商品交换原则运用到党内等突出问题，习近平总书记强调："加强党的政治建设，必须把维护党中央权威和集中统一领导作为首要任务"[③]，要求全党上下坚定政治信仰、增强"四个意识"，严格执行党章关于党内政治生活的各项规定，切实维护党中央权威和集中统一领导，净化政治生态营造廉洁从政的良好环境。在习近平总书记的领导下，全党上下共同努力，以顽强意志

① 《毛泽东文集》第6卷，人民出版社1999年版，第449页。

② 《邓小平文选》第3卷，人民出版社2001年版，第166页。

③ 《习近平谈治国理政》第3卷，外文出版社2020年版，第505页。

品质正风肃纪、反腐惩恶，党内政治生活气象更新，党内政治生态明显好转，党的创造力、凝聚力、战斗力显著增强，为党和国家事业发展提供了坚强政治保证。

实践告诉我们，党内存在的很多问题都同政治问题相关联，正所谓"治其本，朝令而夕从；救其末，百世不改也"。如果不从政治上认识问题、解决问题，党建工作就会陷入头痛医头、脚痛医脚的被动局面，就无法从根本上解决问题，新时代党的建设伟大工程也就无法实现。正因为如此，加强党的政治建设任重道远，必须常抓不懈。2018年6月29日，在十九届中央政治局第六次集体学习时，习近平总书记发表了题为《增强推进党的政治建设的自觉性和坚定性》的重要讲话，对党的政治建设作出了具体部署：第一，把准政治方向——要坚守共产主义远大理想和中国特色社会主义共同理想，坚守"两个一百年"奋斗目标和党的基本理论、基本路线、基本方略。第二，坚持党的政治领导——要明确中国特色社会主义最本质的特征是中国共产党领导，中国特色社会主义制度的最大优势是中国共产党领导，明确党是最高政治领导力量。第三，夯实政治根基——要明确人民群众的拥护和支持是党最可靠的力量源泉，要把人民对美好生活的向往作为奋斗目标，凝聚起同心共筑中国梦的磅礴力量。第四，涵养政治生态——要把树立正确选人用人导向作为重要着力点，让党员、干部在党内政治生活中经常接受政治体检，增强政治免疫力，以良好政治文化涵养风清气正的政治生态，确保党内正气充盈。第五，防范政治风险——要始终有着强烈的忧患意识和风险意识，时刻牢记"安而不忘危，存而不忘亡，治而不忘乱"，增强政治敏锐性和政治鉴别力，敢于亮剑、敢于斗争，切实提高防范政治风险能力，坚决防止和克服嗅不出敌情、分不清是非、辨不明方向的政治麻痹症。第六，永葆政治本色——领导干部特别是高级领导干部要明大德、守公德、严私德，做廉洁自律、廉洁用权、廉洁齐家的模范，推动全面从严治党向基层延伸，让人民群众真正感受到清正干部、清廉政府、清明政治就在身边、就在眼前。第七，提高政治能力——要不断提高各级领导干部特别是高级干部把握方向、把握大势、把握全局的能力，辨别政治是非、保持政治定力、驾驭政治局面、防范政治风险的能力，要善于从政治上分析问题、解决问题，不畏浮云遮望眼，切实担负起党和人民赋予的政治责任。[①]在实践中，我们要全面落实好习近平总书记提出的这七个方面的要求，加强党的政治建设，为全面从严治党、提高领导水平和执政能力提供根本保证。

二、全面推进党的思想建设

党的思想建设，指的是中国共产党为保持创造力、凝聚力和战斗力而在思想理论方面所进行的一系列工作，其主要任务就是在全党范围内强化马克思主义理论武装，对党员进行党的基本理论、基本路线、基本方略的教育，保持全党在思想上政治上行动上的高度一致。思想建设是党的基础性建设，正所谓"求木之长者，必固其根本；欲流之远者，必浚其泉源"。思想建党，从根本上说就是要牢固树立共产主义理想信念，真正把马克思主义这个看家本领学精悟透用好，用马克思主义中国化最新成果武装头脑、指导实践、推动工作，把共产主义远大理想和中国特色社会主义共同理想作为全体中国共产党人的精神支柱、政治灵魂和保持党的团结统一的思想基础，牢固树立全心全意为人民服务根本宗旨。

党是领导一切的，强国必先强党。要实现党要管党、全面从严治党，必须首先坚定全体党员干部的理想信念，在思想上保持党的先进

---

① 《习近平谈治国理政》第3卷，外文出版社2020年版，第93、97页。

性、纯洁性。习近平总书记指出："对党员、干部来说，思想上的滑坡是最严重的病变……思想上松一寸，行动上就会散一尺。思想认识问题一时解决了，不等于永远解决。就像房间需要经常打扫一样，思想上的灰尘也要经常打扫，镜子要经常照，衣冠要随时正，有灰尘就要洗洗澡，出毛病就要治治病。"[①]这客观上也就要求在党建工作中切实做好思想先行，通过思想政治工作帮助广大党员不断提高马克思主义思想觉悟和理论水平，坚定理想信念，打扫思想灰尘，补足精神之"钙"。自觉把习近平总书记党建思想作为新时代加强党的建设的科学指南，解决好世界观、人生观、价值观这个"总开关"问题，把全面从严治党新要求、新任务落到实处，保持对远大理想和奋斗目标的清醒认知和执着追求，自觉做共产主义远大理想和中国特色社会主义共同理想的坚定信仰者和忠实实践者。

搞好党的思想建设，关键是要加强党性和道德教育，引导党员、干部坚定理想信念，坚守共产党人精神追求，坚守人民主体、人民立场、人民位置、人民利益的价值取向。要在党内建立起以人民为中心的思想价值体系和以共产党人核心价值观为主要内容的思想文化体系，号召广大党员干部认真学习马克思列宁主义、毛泽东思想和中国特色社会主义理论，自觉用贯穿其中的立场、观点、方法武装头脑、指导实践、推动工作，保证其坚决站稳党性立场和人民立场，努力践行全心全意为人民服务的根本宗旨，树立真挚的人民情怀，把人民放在心中最高位置，把人民对美好生活的向往作为奋斗目标。同时思想建党也要发扬革命文化，传承红色基因，弘扬社会主义先进文化，构建起积极健康的思想风气，通过警示教育，让广大党员、干部受警醒、明底线、知敬畏，主动在思想上划出红线、在行为上明确界限，

---

① 习近平：《在党的群众路线教育实践活动总结大会上的讲话》，《人民日报》2014年10月9日。

真正敬法畏纪、遵规守矩，从而不断增强党自我净化、自我完善、自我革新、自我提高能力，提高党的领导水平和执政水平、增强拒腐防变和抵御风险能力。

当前，全面加强党的思想建设关键在于加强马克思主义的理论武装，推动习近平新时代中国特色社会主义思想深入人心。要深化马克思主义理论研究和建设，加快构建中国特色哲学社会科学，推进马克思主义中国化时代化大众化，建设具有强大凝聚力和引领力的社会主义意识形态，使全体人民在理想信念、价值理念、道德观念上紧紧团结在一起，为夺取新时代中国特色社会主义伟大胜利凝聚起强大的精神力量。人民有信仰，国家有力量，民族有希望，因此要把党的思想建设与提高人民思想觉悟、道德水准、文明素养，提高社会文明程度联系在一起，广泛开展理想信念教育，深化中国特色社会主义和中国梦宣传教育，弘扬民族精神和时代精神。要加强和改进思想政治工作，深化群众性精神文明创建活动；要弘扬科学精神，普及科学知识，抵制腐朽落后文化侵蚀；要推行社会公德、职业道德、家庭美德、个人品德建设，激励人们向上向善、忠于祖国、忠于人民，以展示当今中国人阔步走进新时代的精神风采和文明风尚。

三、全面推进党的组织建设

党的组织建设，就是指中国共产党依据党的纲领和章程、按照民主集中制的原则，自下而上构成党的组织体系的过程，主要包括党的民主集中制建设、党的基层组织建设、干部队伍建设和党员队伍建设等内容。在党建工作中组织建设具有极其重要的基础性地位，如果把中国共产党比做一棵大树，各级党组织就是树枝，党支部就是树根，党员就是树叶，要夯实党的执政根基，就必须激发出各级党组织和全体党员干部的全部力量，打造坚强的组织体系，全面推进党的组织建设。组织路线对坚持党的领导、加强党的建设、做好党的组织工作具有十分重要的意义。党的十八大以来，以习近平同志为核心的党中央在推进新时代党的建设伟大工程的进程中形成了新时代党的组织路线，要求以组织体系建设为重点，从爱国奉献的各方面优秀人才中着力选拔培养对党忠诚、有责任有担当的高素质干部，坚持德才兼备、以德为先、任人唯贤，切实为坚持和加强党的全面领导、坚持和发展中国特色社会主义提供有力的组织保证。这一基本路线深刻阐明了新时代党的组织建设的一系列根本性问题，为加强新时代党的组织建设提供了根本遵循。

党的组织建设中，党的基层组织是党的全部工作和战斗力的基础，具有鲜明的政治属性，基层党组织建设是一项牵涉面广、工作量大、复杂艰巨的系统工程，必须坚持不懈地抓紧抓好，结合实际抓实抓牢，务实求变，接续创新，才能让广大党员满意，让千万群众满意。2018年7月3日，习近平在全国组织工作会议上指出："加强党的基层组织建设，关键是从严抓好落实。提升组织力、突出政治功能……要以提升组织力为重点，突出政治功能，健全基层组织，优化组织设置，理顺隶属关系，创新活动方式，扩大基层党的组织覆盖和工作覆盖。"①这客观上要求必须全面深刻认识和把握加强基层党组织建设的重要性，加强党的基层组织标准化、规范化、科学化建设，发挥先锋堡垒作用的有力手段，不断增强党支部的凝聚力和战斗力，从而全面提高党的建设的科学化水平。以扩大党组织覆盖和党的工作覆盖为着力点，突出务实、管用、有效，不断健全完善基层组织体系建设，优化组织设置，理顺隶属关系，做到应建尽建、设置规范、调整及时、体制明晰。要以基层党组织规范化建设为抓手，切实创建一批叫得响、立得住、推得开的基层党

---

① 习近平：《在全国组织工作会议上的讲话》《当代党员》2018年10月1日。

组织示范点，通过典型引路、示范引领，不断提升基层党建工作科学化水平和基层党组织的政治领导力、思想引领力、群众组织力和社会号召力。同时基层党组织也要善于引导党员干部做好群众工作，确保党的路线方针政策和决策部署在基层落地生根。通过突出政治领导提升基层党组织的组织能力，保持党同人民群众的血肉联系，充分发挥党的领导优势。

目前，强调全面推进党的组织建设就是要保证党建工作在各领域基层党组织日常工作中不断深化、加强。习近平总书记指出："要加强企业、农村、机关、事业单位、社区等各领域党建工作，推动基层党组织全面进步、全面过硬。"[1]农村基层党组织是党在农村工作的基础，是贯彻落实党的方针政策、推进农村改革发展的战斗堡垒，是领导农民群众建设社会主义新农村的核心力量。随着市场经济的不断发展和改革开放的不断推进，农村基层党建工作面临着许多亟待研究解决的新情况、新矛盾、新问题，需要不断改革创新，提高党建水平。在城市中，国企、高校以及其他领域的基层党建工作也面临许多新的挑战。新的形势和任务要求必须统筹协调推进这些领域的基层党建工作，必须做到综合考虑、统筹兼顾，大力推进基层党建工作理念、内容、方式创新，要做到一个一个领域研究突破，一个一个方面巩固提升。要深化党对各领域基层组织的领导，扩大党的影响力，形成新兴领域与传统领域党建工作齐头并进的局面；要聚焦解决党建覆盖"窄"的问题，加强各领域党建工作，实现党的领导、党的工作、党的组织作用在社会各领域的有效覆盖。

党的组织建设中另一个关键点是党的干部队伍建设。党的干部是党和国家事业的中坚力量，全面从严治党必须抓住领导干部这个"关键

---

① 习近平：《在全国组织工作会议上的讲话》，《当代党员》2018年10月1日。

少数"。实现全面建成小康社会奋斗目标、实现中华民族伟大复兴中国梦，关键在于培养造就一支具有铁一般信仰、铁一般信念、铁一般纪律、铁一般担当的干部队伍。考察好干部标准的历史演变可以发现，德才兼备是贯穿其中的一条主线。习近平总书记提出了新形势下"好干部"的五条标准："信念坚定、为民服务、勤政务实、敢于担当、清正廉洁"[①]，赋予好干部以新的时代内涵。要贯彻好习近平总书记这一重要要求，就必须在党的干部队伍建设工作中坚持党管干部原则，坚持德才兼备、以德为先，坚持五湖四海、任人唯贤，坚持事业为上、公道正派，把好干部标准落到实处。要坚持正确用人导向，把政治素质过硬、本领高强、集多本领于一身的好干部选出来、用起来，促进能者上、庸者下、劣者汰。同时在干部选拔任用标准问题上，也要坚持深入研究、把握规律，有的放矢，久久为功，最终全面优化各层次党员干部队伍的教育管理，从而带动党组织的凝聚力和战斗力提高，不断开创党的组织建设新局面。

四、全面推进党的作风建设

党的作风建设，就是指要规范全体党员干部在思想、工作和生活等方面表现出来的态度和形象，其主要内容包括思想作风、学风、工作作风、领导作风、生活作风等多个方面。党的作风是观察党群干群关系、人心向背的晴雨表。党的作风正，人民的心气顺，党和人民就能同甘共苦。作风建设关系到党的形象、威望和发展大业的兴衰成败，优良的作风是党先进性和纯洁性的重要标志，关乎民心向背、关乎执政未来。改革开放以来的实践经验充分表明，一个地区经济发展的快与慢，与这个

---

① 习近平：《在全国组织工作会议上的讲话》，《当代党员》，2018年10月1日。

地区党员干部工作作风的好坏密切相关。党的作风如果不纯不正，党的形象和威望就会遭到破坏与损失，党的创造力凝聚力战斗力就会逐渐丧失。党的十八大提出建设廉洁政治的重大任务，要求做到干部清正、政府清廉、政治清明，对党风廉政建设和反腐败斗争提出了更高要求。之后在习近平总书记的领导下，全党展开打虎拍蝇、重拳反腐，在优化政治生态、改进党的作风的同时，也使得党的形象不断提升，创造力凝聚力战斗力获得有效巩固。党的十八大以来"反腐败斗争压倒性态势已经形成并巩固发展"的实践成效表明，只要真管真严、敢管敢严，党风建设问题就一定能够解决。

党的作风建设，其核心在于保持党同人民群众的血肉联系。习近平总书记指出："中国共产党肩负的重大责任，就是对民族的责任，对人民的责任，人民对美好生活的向往，就是我们的奋斗目标。"①因此全党上下要"不忘初心，牢记使命"，切实解决自身存在的突出问题，改进工作作风，密切联系群众，使我们党始终成为中国特色社会主义事业的坚强领导核心。在思想作风方面，要坚持党的根本宗旨不动摇，始终与人民心心相印、与人民同甘共苦、与人民团结奋斗，深深植根于人民群众之中，夙夜在公，勤勉工作；工作作风方面，要继承、坚持和发展好马克思主义基本原理，用中国特色社会主义理论武装头脑，努力提高自身理论素养，增强政治性、原则性和战斗性；在领导作风方面，各级领导干部要以身作则、率先垂范，说到的就要做到，承诺的就要兑现，要自觉接受党内政治生活的监督，把主体责任扛在肩上；在生活作风方面，要做到自省自励自重自爱，正确对待个人名利，摒弃贪欲，多予少取，把党性、德性、自觉性有机地统一起来，在同不良思想和行为作斗争的过程中升华思想，提高觉悟，增强

① 习近平：《在十八届中共中央政治局常委同中外记者见面会上的讲话》，《人民论坛》2012年11月20日。

党性。

作风建设的关键是要从严落实主体责任。打铁必须自身硬。作为党的干部，应当有天下为公的宽阔胸襟，把为人民谋利益作为自己唯一的追求，带头树立正确的权力观、地位观和利益观，坚持自重、自省、自警、自励，严格遵守党纪国法，严格按制度和程序办事，严格管理自己的亲属和身边工作人员，不搞以权谋私、不搞特殊化，切实做到爱党爱民、勤政敬业、廉洁奉公，"要求别人做到的自己先要做到，要求别人不做的自己坚决不做"。在这一点上，以习近平同志为核心的党中央以身作则，明确表示"抓作风建设首先要从中央政治局做起"，率先垂范、身体力行，成为了弘扬优良党的优良作风的表率。同时也把中央八项规定作为加强作风建设的切入点、全面从严治党的突破口，在2013年1月十八届中央纪委二次全会上明确提出要抓好八项规定落实，下大气力改进作风，切实体现党要管党、从严治党，对人民群众期盼作出积极回应，对党风政纪乃至整个社会风气发挥导向作用，做到"善禁者，先禁其身而后人"。

作风建设的重点是根治"四风"顽疾。新形势下，我们党面临着许多严峻挑战，党内存在着许多亟待解决的问题。尤其是一些党员干部中发生的贪污腐败、脱离群众、形式主义、官僚主义等问题，这要求全党必须警醒起来，从巩固党的执政地位、永葆党的先进性和纯洁性的政治高度下大气力解决特权思想、特权现象。要按照"必须落细落小，多积尺寸之功，经常防微杜渐"的基本原则，杜绝封建社会"封妻荫子""一人得道，鸡犬升天"的腐败之道；要坚持问题导向，加强调查研究，坚持身体力行，按照"在坚持中见常态，向制度建设要长效"的要求，用完善的制度机制加强和改进作风建设；把时间精力用在健全完善制度体系上，健全对权力运行的制约和监督机制，始终把出发点和落脚点放在有利于长远发展、解决实际问题和提升工作成效上；要坚持严管与厚爱结合、激励和约束并重，健全激励机制和容错纠错机制，最终实现党的作风建设永远在路上。

五、全面推进党的纪律建设

党的纪律建设，就是通过制定贯彻落实严格的政治纪律、组织纪律、廉洁纪律、群众纪律、工作纪律和生活纪律，将党的建设各方面纪律化，从而为党的建设各个方面提供有效保障。加强纪律建设是全面从严治党的治本之策，要实现"党要管党、从严治党"目标就是要靠严明纪律。中国共产党是以铁的纪律组织起来的马克思主义政党，严密的组织纪律是党的优良传统，也是党的政治优势和力量所在。抓住了党的纪律建设，也就找到了推进全面从严治党的着力点。作为领导着世界人口第一大国的马克思主义执政党，中国共产党要做到不忘初心、牢记使命，始终成为人民的公仆、时代的先锋和民族的脊梁，就只有把纪律挺在前面，守住纪律这条底线，靠纪律全覆盖地管、全方位地治，从源头上阻断不正之风和腐败滋生的通道，坚持用纪律管党治党，清除一切侵蚀党的肌体的病毒，才能维护好党内风清气正的政治生态，凝聚起推动中国发展进步的磅礴力量。

回顾历史，中国共产党百年光辉灿烂的奋斗史，也是一部自身纪律建设史。自诞生之日起，中国共产党就把铁的纪律清晰地写在自己的旗帜上。党的"一大"通过首个纲领，就把纪律相关内容放在了突出的位置，为党的制度建设奠定了坚实的基础。党的"二大"通过的第一部党章更是将"纪律"单独成章加以强调。此后，在历次全国党代会上都在党章中突出强调加强党的纪律建设。革命战争年代，毛泽东同志亲自制定"三大纪律八项注意"，并鲜明提出"加强纪律性，革命无不胜"的著名论断。改革开放后，邓小平同志更是深刻指出："我们这么大一个国家，怎样才能团结起来、组织起来呢？一靠理想，二靠纪律。"①面对复杂多变的主客观形势对党建工作带来的严峻考验，中国共产党鲜明提出了"执政党的党风问题是关系党的生死存亡的问题"，要求各级党委坚持"党要管党"的原则，在党的建设各项工作中切实落实从严治党的方针。党的十九大报告将党的纪律建设重要内容突出强化，并将其纳入党的建设新的伟大工程之中，形成了党的六大建设一起抓的总体布局。正如习近平总书记强调，"要用严明的纪律维护制度，增强纪律约束力和制度执行力。要完善全覆盖的制度执行监督机制，强化日常督察和专项检查。"②把纪律建设纳入党的建设总体布局，标志着中国共产党对坚持党要管党、全面从严治党的认识达到了一个新境界，是党建工作方面重要的理论创新。

纪律建设在党的建设总体布局中地位的提升，不仅体现了党的建设一以贯之的历史传承，更彰显了党的纪律建设在管党治党、正风反腐中的重要作用，反映了中国共产党在迈入新时代、开启新征程的伟大进程中，对自身建设问题更加深刻的思考、清晰的目标、有力的举措和完善的布局。对于不断丰富和发展党的建设理论和不断提高党的建设质量而言，无疑具有重大的现实意义和深远的历史意义。作为党的建设至关重要的组成部分，纪律建设必须长期坚持且不断加强。这客观上要求任何组织、党员都不能凌驾于党的纪律之上，必须坚持思想教育、提高纪律自觉，坚持抓早抓小，力求防微杜渐、防患未然。加强党的纪律建设，关键要构建一套能够行之有效的运行机制，促进教育、制度、执行、监督、评价等机制的良性运行，树立牢固的纪律意识，始终把纪律和规矩挺在前面，实践中严格按纪律和规矩办事，解决好人民群众反映最强

---

① 《邓小平文选》第三卷，人民出版社2001年版，第111页。

② 《习近平谈治国理政》第3卷，外文出版社2020年版，第550页。

烈、对党的执政基础形成最大威胁的突出问题，切实推动党的纪律建设不断取得新成效。

六、全面推进党的制度建设

党的制度建设，就是要用法治思维和法治方式管党治党，通过健全完善党内制度，运用制度规章的执行力和约束力来调解党内矛盾、解决党内问题、规范党员行为，实践中构成了全面从严治党的根本保障。党的十八大以来，以习近平同志为核心的党中央高度重视党的制度建设，针对以制度建设推进全面从严治党提出了一系列重要论述，要求全党上下把思想建党和制度治党紧密结合起来，把党内法规制度建设作为事关党长期执政和国家长治久安的重要战略任务，构建以党章为根本、以党内法规配套支撑的党内法规制度体系，实现同向发力、同时发力扎紧制度的笼子，形成国家法律法规和党内法规制度相互促进、相互协调和相互保障的格局。

要全面推进党的制度建设，首先要建立一个科学完善的党内法规制度体系。就是要打造好以党章为根本、以民主集中制为核心、贯穿党的建设各大板块、由各领域各层级党内条例规章组成的有机统一体。党内法规制度设计需要通盘考虑、全局规划、科学设定，党章是党的总章程、总规矩，是党的政治路线、政治纲领和方针政策的集中体现，党内法规制度的清理、修订、补充和完善首先必须以党章为总依据，位阶清晰、相互衔接、相互支撑；同时要切实发挥民主集中制的制度规制作用，保障全体党员能够充分享有相应的民主权利，推动全面从严治党向纵深发展；此外党内法规制度建设应当同当前全面社会改革的实际政策和措施有机结合起来，做到同步设计、同步制定、同步实施。过去，由于党内制度不健全，客观上导致"四风"问题反复出现，存在"监督难、执行难"等一系列问题。有鉴于此，在党内规章制度的设计中一方面要保证制度要简便易行、不烦琐、不深奥，另一方面也要减少制度漏洞，力求建立制度周到、周密、周全，减少制度盲点、空白点。最终进一步完善党内民主监督、干部人事任免、检查考核等相应制度，发挥制度的刚性作用，形成长效机制，从根本上铲除"四风"问题存在的土壤和条件。

全面推进党的制度建设，除了要做好党内法规制度体系建设外，更要切实抓好各方面制度的落实。制定一百条好的制度，不如将一条好的制度执行到位。党的十八大以来，党的制度建设重心已逐渐从建章立制转向依靠制度进行治理，这是我们党制度建设理论的重大发展。只有坚持制度面前人人平等，狠抓制度落实，将制度治党贯穿党建工作的全过程，确保广大党员干部养成尊崇制度、遵守制度、捍卫制度的良好习惯，真正使制度成为硬约束，党的制度建设才能真正融入全面从严治党的伟大工程。2016年12月，中共中央印发《中共中央关于加强党内法规制度建设的意见》，提出了"要以改革创新精神加快补齐党建方面的法规制度短板，为提高党的执政能力和领导水平、推进国家治理体系和治理能力现代化、实现中华民族伟大复兴的中国梦提供有力制度保障"的要求。这客观上决定了必须牢牢把握党的制度建设的正确方向，以制度贯彻党的意志主张、体现全面从严治党要求，统筹推进依法治国与制度治党、依规治党推动党的制度优势更好转化为治国理政的实际效能。广大党员干部必须遵守政治纪律和政治规矩，发挥领导干部带头示范作用，切实维护党中央的权威，无论何时都要做到在思想上、政治上和行动上同党中央保持高度一致；抓好党的团结和党内法规制度的落实，以良好的党内政治文化提升法规制度的执行力与影响力。

（执笔人：曾英杰）

参考书目

［1］党的十九大报告辅导读本编写组：《党的十九大报告辅导读本》，人民出版社2017年版。

［2］中共中央宣传部：《习近平新时代中国特色社会主义思想三十讲》，学习出版社2018年版。

［3］中共中央宣传部：《习近平新时代中国特色社会主义思想学习纲要》，学习出版社人民出版社2019年版。

［4］中共中央宣传部：《习近平新时代中国特色社会主义学习问答》，学习出版社人民出版社2021年版。

［5］中共中央组织部：《党的建设》，党建读物出版社2019年版。

［6］中共中央党校（国家行政学院）：《习近平新时代中国特色社会主义思想基本问题》，人民出版社、中共中央党校出版社2020年版。

［7］何毅亭：《百年大党何以引领新时代》，红旗出版社2021年版。

［8］何毅亭：《新时代·新思想》，人民出版社2020年版。

［9］人民日报理论部：《新时代　新思想　新征程：深入学习习近平新时代中国特色社会主义思想》，人民日报出版社2020年版。

［10］崔耀中：《不忘初心　走向复兴：新时代　新思想　新征程》，人民出版社2019年版。

［11］张荣臣、蒋成会：《加强党的政治建设》，国家行政学院出版社2019年版。

［12］章忠民：《解码新时代中国特色社会主义》，社会科学文献出版社2018年版。

［13］白明政：《新时代马克思主义中国化实践探索》，九州出版社2019年版。

［14］汪青松：《新时代治国理政思想与马克思主义中国化》，上海社会科学院出版社2018年版。

［15］张志明：《打铁必须自身硬：新时代党的建设新的伟大工程》，红旗出版社2018年版。

［16］徐中：《一以贯之推进党的建设新的伟大工程》，天津人民出版社2020年版。

［17］全国党的建设研究会：《中国化的马克思主义党建理论体系概论》，党建读物出版社2021年版。

［18］张士义：《打铁必须自身硬：改革开放四十年党建史》，天地出版社2018年版。

［19］王京清：《深入推进新时代党的建设新的伟大工程》，中国社会科学出版社2018年版。

［20］李家祥：《国家软实力问题研究》，高等教育出版社2016年版。

［21］张广昭：《增强四个意识》，中共中央党校出版社2016年版。

［22］刘志彪、陈东等：《建设现代化经济体系研究》，中国财政经济出版社2018年版。

［23］王一鸣：《建设现代化经济体系论纲》，广东经济出版社2020年版。

［24］王昌林：《新发展格局》，中信出版集团2020年版。

［25］林毅夫等：《新发展格局——怎么看　怎么办》，河北教育出版社2021年版。

后 记

实现中华民族伟大复兴的中国梦，是近代以来中华民族的夙愿，也是中国共产党团结带领人民进行一切奋斗、一切牺牲、一切创造的主题。中国共产党成立一百年来，为了实现中华民族伟大复兴，团结带领人民历经千难万险，付出巨大牺牲，敢于面对曲折，勇于修正错误，攻克了一个又一个看似不可攻破的难关，创造了一个又一个彪炳史册的人间奇迹，实现了从站起来、富起来到强起来的伟大飞跃，党的面貌、人民的面貌、军队的面貌、中华民族的面貌都发生了前所未有的变化，中华民族正以崭新姿态屹立于世界的东方。

今天，中国特色社会主义进入了新时代，实现中华民族伟大复兴进入了不可逆转的历史进程。可以说，我们比历史上任何时期都更加接近、更有信心和能力实现中华民族伟大复兴的目标。但是，中华民族伟大复兴，绝不是轻轻松松、敲锣打鼓就能实现的。对此，我们必须有十分清醒的认识，要准备付出更为艰巨、更为艰苦的努力。

进入新时代，从理论到实践迫切需要回答的问题是坚持和发展什么样的中国特色社会主义、怎样坚持和发展中国特色社会主义的问题。面对这一时代之问，习近平新时代中国特色社会主义思想基于了非常明确的回答，并成为我们党的指导思想和国家的指导思想，因而全党和全国各族人民都需要深入学习领会这一思想，以便在奋进新征程上形成思想共识和行动自觉。为了便于广大干部群众学习领会习近平新时代中国特色社会主义思想，以更加坚定的信心、更加昂扬的姿态、更加自觉的行动，迈进新征程、建功新时代，我们以如何适应新时代发展的社会实践需要，基于思与行的研究视角进行理论思考，编写了这本普及性读物。

参与本书编写的学者都是长期从事马克思主义基本理论教学和研究的专家，分别是中共广州市委党校李仁武教授（第一章）、霍秀媚教授（第三章）、段秀芳副教授（第二章）、刘杰副研究馆员（第五章），白云区委党校胡勇高级讲师（第六章），广东金融学院马克思主义学院曾英杰书记（第七章）、李大毅博士（第四章）。其中，李仁武教授负责该书的总体策划、提纲拟定、分工落实、统稿定稿。

在本书付梓之际，我们要衷心感谢中共广州市委党校对本书的出版资助，感谢丁旭光副校长对本书提出的宝贵意见和建议，感谢科研处杨玉斌处长等为本书出版给予的大力支持和帮助。我们要衷心感谢广东人民出版社梁茵编辑对本书出版付出的辛劳。同时，本书在编写过程中参考并吸取了不少国内外学术研究的优秀成果，在此我们一并表示最真挚的谢忱。

作者

2021年11月